电子商务会计基础

主　编　邢广陆　朱传霞
副主编　韩　澍　罗志敏　张　静

北京理工大学出版社
BEIJING INSTITUTE OF TECHNOLOGY PRESS

版权专有　侵权必究

图书在版编目（CIP）数据

电子商务会计基础/邢广陆，朱传霞主编．—北京：北京理工大学出版社，2019.2（2022.1重印）

ISBN 978-7-5682-6034-3

Ⅰ.①电… Ⅱ.①邢…②朱… Ⅲ.①电子商务-商业会计 Ⅳ.①F715.51

中国版本图书馆 CIP 数据核字（2018）第 179219 号

出版发行 / 北京理工大学出版社有限责任公司
社　　址 / 北京市海淀区中关村南大街5号
邮　　编 / 100081
电　　话 / （010）68914775（总编室）
　　　　　（010）82562903（教材售后服务热线）
　　　　　（010）68948351（其他图书服务热线）
网　　址 / http：//www.bitpress.com.cn
经　　销 / 全国各地新华书店
印　　刷 / 唐山富达印务有限公司
开　　本 / 710毫米×1000毫米　1/16
印　　张 / 14
字　　数 / 251千字
版　　次 / 2019年2月第1版　2022年1月第4次印刷
定　　价 / 39.00元

责任编辑 / 多海鹏
文案编辑 / 郭贵娟
责任校对 / 周瑞红
责任印制 / 李　洋

图书出现印装质量问题，请拨打售后服务热线，本社负责调换

电子商务专业的会计基础课程是针对高校电子商务专业一年级学生开设的一门理论与实践综合的基础课。本课程的设置目的是让学生了解并掌握未来从事电子商务工作所必需的会计基础和技能，同时培养并强化学生的自信意识、诚信意识、合作意识。本书由会计专业和电子商务专业的教师共同编写，并邀请电子商务企业专家作为顾问，旨在从电子商务和会计两个专业视角，分析电子商务岗位对会计相关知识和技能的具体需求。本书以提高学生职场竞争力为目标，同时满足教师的课堂教学组织，激发学生的学习兴趣，保证学生的学习效果。本书分三篇：第一篇，会计基础知识。通过本部分学习，学生可以认识会计，了解会计岗位，解决为什么要学习本课程、学什么、怎样学的问题。会计基础理论知识的学习，为后面的"做"奠定了理论基础，提供了实践依据。第二篇，会计基础实务。该部分通过会计核算的基础业务案例，实现"学"与"做"的充分结合，"筹资""采购""销售""利润形成"等会计实务均是企业电子商务岗位的核心业务。学生通过典型业务案例，跟教师学做相关业务，一方面从会计视角学习电子商务的核心流程；另一方面从电子商务角度体会会计的作用和专业知识、技能，强化并提高电子商务团队与会计团队的合作意识和能力。在会计基本流程下，我们针对电子商务专业的特点，增加了与电子商务相关的专业知识，如电子商务企业的风险分析、电子商务企业的支付方式、电子商务企业的定价等。第三篇，项目实施——从会计视角分析电子商务企业的经营运作。本部分综合前两篇会计基础理论知识和实务操作，实施项目教学。学生以项目组为单位，运用会计知识开展电子商务业务中涉及的会计项目。电子商务方案的设计作为总项目，必须包括筹资分析、定价分析、成本分析、利润分析等体现会计知识和技能的子项目，让学生在"做"中"学"，教师作为顾问辅助学生。项目完成后，将形成项目报告。学生分组汇报项目报告成果，并将其作为学生课程考核的重要内容。三部分内容层层递进，充分体现了学生学习会计类课程的规律。考虑到有些学校开

设该课程时的计划课时较少，建议将第三部分作为课外作业进行，结课前通过考核检验学习效果。

本书由邢广陆（青岛职业技术学院副院长、副教授、高级会计师、注册会计师、注册税务师）、朱传霞担任主编。其中，邢广陆负责本书的总体结构设计，朱传霞负责全书的统稿。韩澍负责第一篇第二章的编写；朱传霞负责第一篇第一章和第二篇第一章、第五章和第七章的编写；罗志敏负责第二篇第二章、第三章和第四章的编写；张静负责第二篇第六章的编写。邢广陆主要负责第三篇项目实施的编写。

为更好地使教材体现电子商务专业的岗位需要，在本书的编写过程中，电子商务专业教师以及部分合作企业的人力资源负责人提出了很多合理化的建议，在此表示衷心的感谢！由于编者水平有限，书中难免有疏漏和不足之处，敬请读者批评指正。

编　者

第一篇　会计基础知识

第一章　认识会计 …………………………………………………… (3)

第一节　认识会计及电子商务企业中会计工作的特点 ……………… (3)
一、了解会计…………………………………………………… (4)
二、会计核算的对象…………………………………………… (5)
三、会计工作岗位……………………………………………… (5)
四、会计的职能………………………………………………… (6)
五、电子商务企业对会计工作的特殊要求…………………… (7)

第二节　会计职业道德 ……………………………………………… (13)
一、会计职业道德定义………………………………………… (13)
二、会计职业道德的基本内容………………………………… (14)
三、电子商务中的诚信教育…………………………………… (14)

第三节　会计核算原理 ……………………………………………… (18)
一、会计基本假设……………………………………………… (18)
二、会计核算基础……………………………………………… (21)
三、会计信息质量要求………………………………………… (22)

第二章　会计核算基础 ………………………………………………… (30)

第一节　会计要素 …………………………………………………… (30)
一、反映财务状况的会计要素………………………………… (31)
二、反映经营成果的会计要素………………………………… (33)

第二节　会计科目与账户 (35)
一、会计科目定义 (35)
二、会计科目设置原则 (35)
三、会计科目简表 (36)

第三节　会计等式 (46)

第四节　复式记账 (47)
一、复式记账法 (47)
二、借贷记账法 (48)
三、借贷记账法的记账规则 (51)
四、会计分录 (53)

第五节　会计凭证 (56)
一、会计凭证的概念和种类 (56)
二、原始凭证 (57)

第六节　会计账簿 (63)
一、会计账簿的概念 (63)
二、会计账簿的分类 (64)
三、会计账户与账簿 (67)

第七节　会计报表 (68)
一、财务报表概述 (68)
二、财务报表的种类 (68)
三、财务报表的结构 (69)
四、电子商务对财务报告的影响 (76)

第二篇　会计基础实务

第一章　企业注册 (91)

第一节　企业注册法规及组织形式 (91)
一、企业注册的相关法律法规 (92)
二、企业的组织形式 (92)

第二节　注册公司的基本流程 (94)
一、注册公司名称查询 (94)
二、递交材料 (95)
三、申领公司营业执照（三证合一） (96)
四、开设企业基本账户 (96)
五、核准税种，申领发票购用簿 (96)

第三节　企业组织架构 …………………………………………… (96)

第二章　企业资金筹集……………………………………………… (98)

第一节　企业资金来源 …………………………………………… (99)
一、所有者权益筹资业务 ………………………………………… (99)
二、负债筹资业务 ………………………………………………… (99)
三、资金成本 ……………………………………………………… (100)

第二节　资金时间价值 …………………………………………… (100)
一、资金的时间价值 ……………………………………………… (101)
二、资金的时间价值对电子商务业务策划的作用 ……………… (101)
三、资金的时间价值的计算 ……………………………………… (101)
四、引例分析 ……………………………………………………… (102)

第三节　电子商务企业资金支付方式 …………………………… (102)
一、汇款 …………………………………………………………… (103)
二、货到付款 ……………………………………………………… (103)
三、网上支付 ……………………………………………………… (104)

第四节　企业筹集资金业务账务处理 …………………………… (105)
一、投资者投入资本的核算 ……………………………………… (107)
二、借入资金的核算 ……………………………………………… (108)

第三章　采购业务…………………………………………………… (112)

第一节　采购业务介绍 …………………………………………… (114)
一、采购过程经济业务 …………………………………………… (114)
二、采购业务的主要核算内容 …………………………………… (114)

第二节　电子商务采购业务介绍 ………………………………… (115)
一、电子商务企业的采购 ………………………………………… (115)
二、电子商务企业的采购特点 …………………………………… (115)
三、电子商务采购模式 …………………………………………… (116)
四、电子商务采购的优势 ………………………………………… (116)

第三节　电子商务采购方式 ……………………………………… (117)
一、电子商务采购方式 …………………………………………… (117)
二、电子商务采购方式分类 ……………………………………… (117)

第四节　采购业务账务处理 ……………………………………… (118)
一、采购过程账务处理 …………………………………………… (118)

二、引例分析 …………………………………………………………… (120)

第四章　销售业务 ………………………………………………………… (122)

第一节　收入、成本核算 ………………………………………………… (126)
　　一、电子商务企业的销售方式 …………………………………………… (126)
　　二、电子商务企业产品定价 ……………………………………………… (129)
　　三、收入、成本的账务处理 ……………………………………………… (132)

第二节　税金 ……………………………………………………………… (136)
　　一、增值税 ………………………………………………………………… (136)
　　二、城建税以及教育费附加 ……………………………………………… (138)

第三节　成本费用核算 …………………………………………………… (140)
　　一、成本费用简介 ………………………………………………………… (144)
　　二、电子商务企业的成本费用 …………………………………………… (144)
　　三、成本费用账务处理 …………………………………………………… (145)

第五章　利润形成 ………………………………………………………… (149)

第一节　利润形成 ………………………………………………………… (150)
　　一、利润的概念 …………………………………………………………… (150)
　　二、利润的构成 …………………………………………………………… (150)
　　三、企业所得税 …………………………………………………………… (151)

第二节　利润形成的账务处理 …………………………………………… (152)
　　一、账户设置 ……………………………………………………………… (152)
　　二、引例分析 ……………………………………………………………… (155)

第三节　利润分配的账务处理 …………………………………………… (157)
　　一、利润分配内容以及程序 ……………………………………………… (157)
　　二、账户设置 ……………………………………………………………… (158)
　　三、引例分析 ……………………………………………………………… (159)

第六章　报表分析 ………………………………………………………… (161)

第一节　财务报表的编制 ………………………………………………… (161)
　　一、货币资金表的编制 …………………………………………………… (162)
　　二、利润表 ………………………………………………………………… (163)

第二节　财务报表分析 …………………………………………………… (171)
　　一、财务报表分析的目的 ………………………………………………… (171)

二、报表分析的方法……………………………………………（172）
三、财务分析的内容……………………………………………（173）

第七章 网络风险与内部控制……………………………………（186）

第一节 网络风险介绍………………………………………………（186）
一、网络风险的含义……………………………………………（187）
二、电子商务风险的类型………………………………………（187）
三、网络风险的防范方法………………………………………（189）

第二节 网络风险与内部控制………………………………………（190）
一、网络风险与内部控制………………………………………（190）
二、电子商务环境下的内部控制………………………………（191）

第三篇 项目实施——从会计视角分析电子商务企业的经营运作

一、项目说明……………………………………………………（195）
二、项目活动规划………………………………………………（196）
三、项目组织实施………………………………………………（199）
四、项目成果展示与评价………………………………………（199）
五、项目总结与反馈……………………………………………（200）

附录一：电子商务策划项目任务书……………………………（201）
一、电子商务项目选取背景以及市场前景（阐述选取该项目的意义）
　………………………………………………………………（202）
二、电子商务策划活动目标和设计（项目目标及主要内容）
　………………………………………………………………（203）
三、该项目的主要经济业务……………………………………（204）
四、该项目的计划进度及主要负责人…………………………（205）
五、教师审核意见………………………………………………（206）

附录二：项目成果的评价办法……………………………………（207）
一、项目要求以及评分标准……………………………………（207）
二、评分及分数分配说明………………………………………（207）
三、评分表………………………………………………………（208）

参考文献……………………………………………………………（210）

第一篇
会计基础知识

第一章

心は何処にある

第一章 认识会计

【知识目标】

◇ 了解会计的作用；
◇ 了解会计工作的主要岗位；
◇ 了解会计职业道德；
◇ 了解电子商务企业诚信；
◇ 掌握会计核算原理。

【技能目标】

◇ 通过学习，了解电子商务企业会计工作的特点，培养学生能根据自己从事的电子商务业务来判断如何与财务人员对接的能力；
◇ 了解会计的基本假设和会计信息的质量要求，培养学生在理解会计信息的特点的基础上，提高对会计信息的使用分析能力。

第一节 认识会计及电子商务企业中会计工作的特点

【导入案例】

麦讯公司是一家互联网公司，依托微信财付通第三方支付平台，为消费用户提供交易平台，并从中收取服务费。其中，麦讯公司没有给消费用户开发票，供应商也没有给麦讯公司开发票。麦讯公司没有进货，也没有发货。货是由供应商直接发给消费用户的，收到的消费用户的钱和支付给供应商的货款均作代收、代付处理。月末按估算毛利率结转服务收入。当月，麦讯公司通过微信财付通代收到消费用户的总货款为10 000元，微信财付通在扣除0.6%的手续费后，余9 940元转入麦讯公司的银行账户。

案例思考

（1）麦讯公司业务发生后，未开具发票是否违背会计相关法律法规？

（2）通过微信财付通扣除的手续费能否开具发票？

（3）麦讯公司本月的经济业务中有无涉及公司应缴税费问题？

一、了解会计

会计是以货币作为主要计量单位，运用一系列专门方法，对企事业单位经济活动进行连续、系统、全面和综合的核算和监督并在此基础上对经济活动进行分析、预测和控制，以提高经济效益的一种管理活动。

会计作为经济管理的一种活动，是随着社会生产的发展以及经济管理的需要而产生和发展起来的。它是社会生产发展到一定阶段的产物。在原始社会，会计只是生产职能的附带部分。当社会出现私有财产后，由于保护私有权和不断扩大其私有财产的需要，会计逐渐从生产职能中分离出来，成为独立的职能，并发展到承担生产管理的任务，为提高经济效益服务。

（1）会计首先是一种经济计算。它要对经济过程（以货币为主要计量尺度）进行连续、系统、全面、综合的计算。经济计算是指人们对经济资源（人力、物力、财力）、经济关系（等价交换、所有权、分配、信贷、结算等）和经济过程（投入、产出、收入、成本、效率等）进行的数量计算的总称。经济计算既包括对经济现象静态状况的存量计算，也包括对经济现象动态状况的流量计算；既包括事前的计划计算，也包括事后的实际计算。会计是一种典型的经济计算，经济计算除包括会计计算外，还包括统计计算和业务计算等。

（2）会计是一个经济信息系统。它将一个企业分散的经营活动转化成一组客观的数据，提供有关企业的业绩、问题以及企业资金、劳动、所有权、收入、成本、利润、债权、债务等信息；向有关方面提供有关信息咨询服务。任何人都可以通过会计提供的信息了解企业的基本情况，并作为其决策的依据。可见，会计是一个以提供财务信息为主的经济信息系统，是企业经营的记分牌，因而会计又被称为"企业语言"。

（3）会计是一项经济管理工作。在非商品经济条件下，会计直接对财产物资进行管理；而在商品经济条件下，由于存在商品生产和商品交换，经济活动中的财产物资都是以价值形式表现的，所以会计是利用价值形式对财产物资进行管理的。如果说会计是一个信息系统，主要是针对企业外部的有关信息使用者而言的，那么说会计是一个经济管理活动，主要是针对企业内部而言的。从历史的发展和现实状况来看，会计是社会生产发展到一定阶段的产物，是为了适应生产发展和管理需要而产生的,尤其是随着商品经济的发展和市场竞争的出现,要求通过管理对经济活动进行严格的控制和监督。同时,会计的内容和形式也在不断地完善和变化,由单纯的记账、算账、办理账务业务,对外报送会计报表,发展为参与事前经营预测、决策,对经济活动进行事中控制、监督,开展事后分析、检查。可见,无论是过去、现在还是将来,会计都是人们对经济进行管理的活动。

二、会计核算的对象

会计以货币为主要计量单位,对企业、机关、事业单位和其他组织的经济活动进行核算和监督。以货币表现的经济活动,通常称为资金运动。资金运动包括各种特定对象的资金投入、资金的循环与周转(资金运用)和资金退出等过程。

不同的行业、企业的资金运动有不同的特点,差异性较大。会计在电子商务环境下的核算对象由生产过程中的资金运动转变成了电子商务活动,其将现实的商务运作用虚拟的数字世界进行模拟,实现了"数出一门,数据共享"。电子商务企业的资金运动示例如图1-1-1所示。

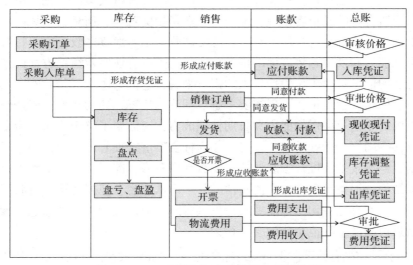

图1-1-1 电子商务企业的资金运动示例

三、会计工作岗位

会计工作岗位是指一个单位的会计机构内部根据业务分工而设置的职能岗位。会计工作岗位可以一人一岗、一人多岗或者一岗多人。但出纳人员不得兼管稽核、会计档案保管和收入、费用、债权债务账目的登记工作。在会计机构内部设置会计工作岗位,有利于明确分工和确定岗位职责,建立岗位责任制;有利于会计人员钻研业务,提高工作效率和质量;有利于会计工作的程序化和规范化,加强会计基础工作;有利于强化会计管理职能,提高会计工作。同时,会计工作岗位也是配备数量适当的会计人员的客观依据之一。

会计工作岗位一般可分为：总会计师（或行使总会计师职权）岗位；会计机构负责人或者会计主管岗位；出纳岗位；存货核算岗位；工资核算岗位；固定资产核算岗位；成本费用核算岗位；财务成果核算岗位；往来核算岗位；税务核算岗位；总分类账报表岗位；稽核岗位；档案管理岗位；资本、基金核算岗位；收入、支出、债权债务核算岗位；财产物资的收发、增减核算岗位；对外财务会计报告编制岗位；会计电算化岗位等。

四、会计的职能

会计是一种经济管理活动。具体来说，会计的作用主要表现在以下几个方面。

（一）会计的反映职能

会计的反映职能是指会计提供对企业决策有用的信息，有助于提高企业透明度，规范企业行为。

企业会计通过其反映职能，提供有关企业财务状况、经营成果和现金流量方面的信息，该信息是包括投资者和债权人在内的各方进行决策的依据。例如，对于作为企业所有者的投资者来说，他们为了选择投资对象、衡量投资风险、做出投资决策，不仅需要了解包括毛利率、总资产收益率、净资产收益率等指标在内的企业盈利能力和发展趋势方面的信息，还需要了解企业经营情况方面的信息及其所处行业的信息；对于作为债权人的银行来说，它们为了选择贷款对象、衡量贷款风险、做出贷款决策，不仅需要了解包括流动比率、速动比率、资产负债率等指标在内的企业短期偿债能力和长期偿债能力，还需要了解企业所处行业的基本情况及其在同行业所处的地位；对于作为社会经济管理者的政府部门来说，它们为了制定经济政策、进行宏观调控、配置社会资源，需要从总体上掌握企业的资产负债结构、损益状况和现金流转情况，从而从宏观上把握经济运行状况和发展变化趋势。所有这一切，都需要会计提供有助于他们进行决策的信息，通过提高会计信息透明度来规范企业的会计行为。

（二）会计信息有助于企业加强经营管理，提高经济效益，促进企业可持续发展

企业经营管理水平的高低直接影响企业的经济效益、经营成果、竞争能力和发展前景，在一定程度上决定着企业的前途和命运。为了满足企业内部经营管理对会计信息的需要，现代会计已经渗透到企业内部经营管理的各个方面。例如，企业会计通过分析和利用企业财务状况、现金流量和经营成果方面的信息，可以全面、系统、总括地了解企业的生产经营情况，并在此基础上预测和分析企业未来的发展前景；可以发现企业在过去的经营活动中存在的问题，找出存在差距的原因，并提出改进措施。此外，可以通过预算的分解和落实，建立内部经济责任制，做到目标明确、责任清晰、考核严格、赏罚分明。总之，企业会计通过真实地反映企业的财务信息，参与经营决策，为处理企业与各方面的关系、考核企业

管理人员的经营业绩、落实企业内部管理责任奠定了基础，有助于发挥会计信息在加强企业经营管理、提高经济效益方面的积极作用。

（三）会计信息有助于考核企业管理层经济责任的履行情况

企业接受了包括国家在内的所有投资者和债权人的投资，就有责任按照其预定的发展目标和要求，合理利用资源，加强经营管理，提高经济效益，接受考核和评价。会计信息有助于评价企业的业绩，有助于考核企业管理层经济责任的履行情况。例如，对于作为企业所有者的投资者来说，他们为了了解企业当年度经营活动成果和当年度的资产保值和增值情况，需要将利润表中的净利润与上年度进行对比，以反映企业的盈利发展趋势；需要将净利润与同行业进行对比，以反映企业在与同行业竞争时所处的位置，从而考核企业管理层经济责任的履行情况；对于作为社会经济管理者的政府部门来说，它们为了解企业执行计划的能力，需要将资产负债表、利润表和现金流量表中反映的实际情况与预算进行对比，以反映企业完成预算的情况，表明企业执行预算的能力和水平。这些信息都是由作为经济管理工作者的会计提供的。

（四）电子商务对会计职能的影响

会计具有反映、监督、参与经营决策三大职能。计算机处理环境的变化和电子交易形式的出现，使建立基于网络化的会计信息处理系统成为必然。在这个新的会计信息处理系统中，能够自动从企业的内部和外部采集企业发生的各项业务的会计核算资料，并汇集于企业内部的会计信息处理系统进行实时反映。由于会计信息实现了实时和自动处理，所以会计的监督职能和参与经营决策职能就变得更加重要。监督职能主要监督会计信息处理系统的过程和结果，以反映国家财经法纪和会计制度的执行情况。这时，监督的形式也将发生变化，如可以通过网络对经济活动进行远程和实时监控。参与经营决策职能主要通过建立一个完善的、功能强大的预测决策支持系统来体现，这样，企业经营者和外部的信息使用者，可随时利用企业的会计信息对企业的未来财务形势做出合理的预测，从而帮助他们做出正确的决策。

在电子商务环境下，网络财务从根本上促进了财务与业务的协同，是企业电子商务的重要组成部分。

（1）与内部业务协同。其涵盖企业全程业务，从网上采购、网上销售、网上服务到网上考勤等。财务部门的预算控制、资金准备、网上支付、网上结算等工作与业务部门的工作协同进行。

（2）与供应链协同。如网上询价、网上催账等。

（3）与社会部门协同。如网上银行、网上保险、网上报税、网上报关等。

五、电子商务企业对会计工作的特殊要求

电子商务有助于把人类更快地带入信息社会。与此同时，其对企业的会计信

息系统在集成化应用、管理控制和决策支持等方面提出了更高的要求。

(一) 企业经营环境方面

以网络为基础的电子商务将改变企业的内部组织结构。企业商务电子化后，信息交流十分便捷，部门之间及其与外界环境之间的沟通成本大大降低，企业管理的许多中间层次不再重要；经济活动量大大增加，传统的金字塔式的等级制组织结构不利于企业的快速反应，取而代之的将是扁平化、分布式的网络结构。相应地，企业各部门的组织结构也要进行重组以适应网络环境，会计部门将与其他部门相互融合，出现分工模糊的情况，以往由会计部门处理的一些核算业务将按其业务发生地点归到制造、营销、供应等部门去处理。在线销售商品和服务、在线采购、在线支付货款等将迫使会计信息系统以原始凭证为起点，实时对相关信息进行收集、分类、分析和审计。

电子商务使市场竞争空前加剧。电子商务改变了过去信息不对称的状况，消费者借助网上的搜索引擎可便捷的货比多家；电子商务低廉的交易成本和方便的市场准入环境，使中小型企业可以和远比它们强大的竞争对手一样进行网上在线业务操作。在空前加剧的全球化的竞争压力下，企业不仅需要合理规划和运用自身各项资源，还需将经营环境的各方面（如客户、供应商、分销商和分支机构等的经营资源）通过网络紧密地结合起来，形成供应链，并准确、及时地反映各方面的动态信息，监控经营成本和资金流向，提高企业对市场反应的灵活性和财务效率。这就要求会计信息系统做到：快速反馈全球市场的信息；在降低经营成本和缩短产品进入市场的周期间寻求平衡；提高对企业内部各部门和外部组织的财务管理水平；提供更丰富的战略性财务信息，更强的财务分析和决策支持能力等。实际上，企业真正需要的是计算机管理，而非计算机处理。因此，该会计信息系统向财务管理方向发展是必然趋势。

(二) 会计信息使用者的需求方面

在电子商务环境下，会计信息使用者更关注会计信息的时效性。会计信息使用者需要随时随地做出经济决策，而传统会计信息系统是按月、按年定期提供财务会计报表的。另外，在网络时代，竞争越来越激烈，产品的生命周期和产品推向市场所需的时间大大缩短，因此，及时获取信息（包括对未来的预测信息）对会计信息使用者来讲至关重要。在电子商务环境下，一方面，企业的制造、销售、财务、人事等部门在网络环境下协同工作，产生的各类信息存储于集成的企业数据库中，授权的会计信息使用者可以在线访问企业数据库，以获取自己所需的实时数据；另一方面，企业会计信息系统也可主动把会计信息发布到企业的内、外部网页上，把财务会计资料以电子邮件方式传至税务、会计师事务所、证交所等机构，以替代传统的纸质或软盘报送的方式。

在电子商务环境下，会计信息使用者更关注会计信息的有用性。由于受传统劳动分工、信息传导机制及会计假设的限制，现行的企业会计信息系统难以满足会计信息使用者全面了解企业现状、发展前景以及面临的机会和风险的需求。例如，很多企业有企业内部的财务分析数据，却很少有企业外部甚至分部经营的财务分析数据。而互联网提供了广泛、低成本、及时的在线商业信息，财务会计部门可收集到足够的同行业其他企业的财务会计指标等外部经营信息并进行比较分析，以便正确预测企业发展趋势。在电子商务环境下，由于企业能够实时得到企业外部市场的商品价格信息（尤其是证券信息），以历史成本为主的一维定式计量可能变为更有用的以历史成本和公允价值并重的二维乃至多维动态计量。历史成本反映并体现受托责任的、作为当期企业利润分配主要依据的、面向过去的信息；公允价值反映并体现各个项目收益和风险情况的、作为会计信息使用者投资决策主要依据的、面向未来的信息。在现代信息技术的支持下，企业将能够收集到与业务活动有关的所有关键信息（而不仅仅是价值信息），会计要素的划分将更加细密，对企业运营状况的反映会更加精确和丰富，最终可以满足会计信息使用者的广泛需求。

拓展知识

如表1-1-1所示，为常见会计工作岗位职责一览表。

表1-1-1 常见会计工作岗位职责一览表

岗位	岗位职责
总会计师	1. 编制和执行预算、财务收支计划、信贷计划，拟定资金筹措和使用方案，开辟财源，有效地使用资金。 2. 进行成本费用的预测、计划、控制、预算、分析和考核，督促本单位有关部门降低消耗、节约费用，提高经济效益。 3. 建立健全经济核算制度，利用财务会计资料进行经济活动分析。 4. 承办单位主要行政领导人交办的其他工作。 5. 负责对本单位财务会计部门的设置和会计人员的配备以及会计专业职务的设置和聘任提出方案；组织会计人员的业务培训并对其进行考核；支持会计人员依法行使职权。 6. 协助单位主要行政领导人对企业的生产经营、业务发展以及基本建设投资等问题做出决策。 7. 参与新产品、技术改造、科技研究、商品（劳务）、价格和工资奖金等方案的制定；参与重大经济协议的研究审查
会计主管	1. 审核日常费用报销单据，提交财务经理。 2. 安排、检查、督促会计即日工作，负责所有日常会计凭证的审核检查。 3. 核算每月工资表等。 4. 审核检查日常促销活动单，分析处理促销费用及挂账的账务等。 5. 落实对公司预算管理体系指标的考核，并对指标完成情况进行过程控制和总结分析。 6. 指导税务会计进行网上报税及发票的购领

续表

岗位	岗位职责
会计主管	7. 月初跟进及检查会计的供应商成本表，负责供应商成本核算，结转收入成本，如供应商的当月销售收入、租金扣点的核对、账务处理；指导往来会计按供应商逐个核对应付账款往来，并跟进往来会计对货款的清查应付，确保往来准确。 8. 月末当日及时安排对库存商品的盘点并跟进盘点报告的处理。 9. 月末及时指导会计进行现金、银行存款、商务卡、电费、收据、发票的现场盘点及盘点表的落实。 10. 月末结账前检查、核对各级账目，包括固定资产折旧、低值易耗品摊销等的数据是否准确；待处理财产损溢是否结平；收银员长短款是否异常，是否挂个人往来账扣取；银行存款是否核对好，特别是信用卡、POS机的核对；商务卡账务是否处理正确，促销费用平账是否及时，促销费用账务处理是否正确，要供应商承担部分促销费用时是否挂供应商往来；月底是否安排盘查出纳现金和收银员备用金，检查出纳每日营业款是否及时缴存银行；月中安排会计人员抽查现金出入是否有登记；月终结转各项收入成本及税费等账务处理。 11. 协助并配合财务经理的工作，如负责与财政、税务、银行等有关部门保持密切联系，沟通信息，发挥承上启下的作用。 12. 完成领导交办的其他工作
出纳	1. 办理现金出纳和银行结算业务。 2. 登记现金和银行存款日记账。 3. 保管有关印章和空白支票。 4. 负责编制报送资金收支日报表；完成领导交办的其他工作。 5. 认真执行财经法纪和各项规章制度；协调好同银行的工作关系
存货核算会计	（一）材料核算会计岗位责任制度 1. 能够同有关部门制定本企业的材料核算与管理办法。 2. 监督材料采购用款计划，控制材料采购成本。 3. 负责材料的明细核算和有关的往来结算业务。 4. 配合有关部门制定材料消耗定额。 5. 参与库存材料的清查盘点。 6. 分析材料的储备情况，如分析材料超过正常储备、待滞积压的原因。 （二）库存商品、产成品、半成品核算会计岗位责任制度 1. 负责库存商品、产成品、自制半成品的财务核算，及时掌握产品流向，并负责与实物管理部门的实物账核对，做到账证、账实、账账、账表相符。 2. 参与库存商品、产成品、半成品的清查盘点。 3. 分析库存商品、产成品、半成品的收发存情况

续表

岗位	岗位职责
工资核算会计	1. 根据批准的工资基金计划，会同劳资部门，严格按规定掌握工资基金和各种奖金的支付情况，并分析工资基金计划的执行情况。对违反工资政策，乱发津贴、奖金的要予以制止，并向领导报告。 2. 按照职工实有人数、工资等级和工资标准（含计件工资），按月计算职工工资、津贴及奖金，凭扣款通知单办理代扣款项。 3. 按照工资的用途和发生归属，合理分配工资费用，正确计算产品成本及期间费用。按照工资支付的对象和成本核算的要求汇总企业工资、编制工资分配表、填制工资转账分录；按规定提取职工福利费、工会经费及职工教育费。 4. 按工资总额的组成和支付工资的资金来源，根据有关凭证进行工资、奖金的明细核算。 5. 工资发放完毕后，要及时收回工资、奖金计算表，装订成册，妥善保管，定期全数归档，不得丢失和损坏
固定资产核算会计	1. 组织本单位的固定资产核算。 2. 协助有关部门加强固定资产管理。 3. 负责固定资产的明细核算。 4. 负责固定资产折旧及后续支出的核算。 5. 参与固定资产盘点清查。 6. 分析固定资产使用效果
成本费用核算会计	1. 拟定成本核算办法。 2. 编制成本费用计划。 3. 加强成本管理的基础工作。 4. 核算产品成本。 5. 编制成本费用报表。 6. 组织在产品和自制半成品核算。 7. 保管有关凭证、账簿、报表及有关成本、计算资料，防止丢失损坏，按规定装订归档
财务成果核算会计	1. 熟悉并掌握有关利润核算方面的制度，如实反映企业利润的形成和分配情况。 2. 编制利润计划。 3. 办理销售款项的结算业务。 4. 负责销售和利润的明细核算。 5. 编制损益表、利润分配表，进行利润的分析和考核

续表

岗位	岗位职责
往来核算会计	1. 建立往来款项清算手续制度。 2. 负责办理往来款项的结算业务。 　（1）对各种应收预付款项要每月进行核对清理，及时催收结算；对各种应付预收款项要抓紧清算支付；对职工各种借款要经常督催，及时报销、差额收回、余额清退，不得拖欠、不准挪用、不挂贷余。 　（2）往来账款必须定期进行核对清理，年末前要进行清查处理。对确实无法收回的应收款项和无法支付的应付款项应及时查明，按规定报经批准后做相应的账务处理。 　（3）正确使用会计科目，按照单位和个人分户设置明细分类账，根据复核后的记账凭证，做到及时记账、按月结账、数字清楚、余额准确、账证和账账相符，并按季、按年、按规定编报债权债务明细表。 　（4）期末，根据应收账款的余额分别做出内外欠款表及账龄分析表，同时根据应收明细单位情况做出应收分析
税务核算会计	1. 审核发票。审核各单位送来的普通发票、增值税进项发票。 2. 正确计税。按照企业会计制度及税法规定正确计算增值税、所得税、房产税、印花税等税种。 3. 编制相关报表，如编制公司本部的汇总税金表、应缴增值税明细表，做到勾稽关系正确、内容完整、数字准确，定期从公司总分类账、明细分类账中获取数据，据此按月编制纳税申报表。 4. 定期申报纳税。将审批后的纳税申报表、金税 IC 卡、报税软盘报请税务专管人员审核，审核通过后向税务机关申报纳税，并将其开具的税票送交开户行缴纳税金。 5. 申请减免税。如从生产技术部获取相关部门出具的减免税项目确认书，对符合减免税项目的，携申请减免税报告及其他证明及时向税务机关办理减免税申请。 6. 增值税销项发票的管理。审核购货单位开具专用发票的资格并根据销售合同、出库单等开具增值税销项发票。此外，购买的专用发票应由专人保管和开具，定期核对库存数量，做到账实相符。 7. 配合税收稽查部门等做好企业税收检查报告的落实工作
总分类账报表会计	1. 按会计制度规定设置总分类账会计科目和账簿。 2. 编制会计报表。 3. 管理会计凭证和账表
稽核会计	1. 审核财务成本计划。 2. 审查各项财务收支。 3. 复核会计凭证和账表。 4. 会计稽核人员要对审查签署过的会计凭证、会计账簿和会计报表等会计资料承担责任

续表

岗位	岗位职责
档案管理会计	1. 根据《中华人民共和国会计法》（以下简称《会计法》）、《中华人民共和国档案法》（以下简称《档案法》）、《会计档案管理办法》的规定，建立健全会计档案的立卷、归档、调阅、保存和销毁等管理制度，管好、用好会计档案。 2. 按年度形成分类法，编制会计档案案卷目录表，统一分类排序归档。 3. 做好安全防范和保密工作。 4. 负责计算机系统的各类数据、软盘、光盘的存档保管工作。 5. 按规定期限，催交有关软盘资料和账表凭证等会计档案资料

第二节 会计职业道德

【导入案例】

谁动了你的支付宝？

20××年2月13日，北京市民李先生登录自己的支付宝，意外发现账户上多了几笔支出：20××年2月11日18时35分至42分，支付宝在7分钟内被转走6笔款项，共计189元，用于Q币的购买。身在欧洲的吴女士也遭遇了同样的怪事：20××年2月11日11时25分至29分，她的支付宝被转走13笔款项，共计500元，每次30～40元不等，均被用来购买网络游戏充值卡……

20××年上半年，支付宝公司频频接到一些客户投诉，称他们的支付宝账户内资金离奇被盗。这些案件共同特点是：每笔被盗转的资金都在100元以下，且被用于购买Q币、游戏充值卡等虚拟商品。

经常网购的人们都知道，支付宝公司曾于2007年1月发布公告，将短信提醒服务升级，支付宝账户金额变动超过100元时，客户将收到支付宝发送的免费短信提醒，但对于100元及以下的账户金额变动不发送短信。而购买虚拟产品，正常情况下是由系统自动充值，不需要先进行收货确认再付款。因此，这种"蚂蚁搬家"式作案，支付宝的主人很难及时察觉。

案例思考

（1）试分析网络诈骗违背的会计职业道德。

（2）我们应该如何维护网络诚信？

一、会计职业道德定义

会计职业道德是会计人员在会计工作中应当遵循的道德规范。《会计法》第三十九条规定:"会计人员应当遵守职业道德,提高业务素质。"这是对会计人员职业道德教育问题的规定,也是修订后的《会计法》在原《会计法》第二十三条"会计人员应当具备必要的专业知识"规定的基础上充实、强化的一项重要内容。

二、会计职业道德的基本内容

会计职业道德的基本内容有八项,包括以下几个方面:

(1) 爱岗敬业。要求会计人员热爱会计工作、安心本职岗位、忠于职守、尽心尽力、尽职尽责。

(2) 诚实守信。要求会计人员做老实人、说老实话、办老实事、执业谨慎、信誉至上,不为利益诱惑、不弄虚作假、不泄露秘密。

(3) 廉洁自律。要求会计人员公私分明、不贪不占、遵纪守法、清正廉洁。

(4) 客观公正。要求会计人员端正态度、依法办事、实事求是、不偏不倚,保持应有的独立性。

(5) 坚持准则。要求会计人员熟悉国家法律法规和国家统一的会计制度,始终坚持按法律法规和国家统一的会计制度的要求进行会计核算,实施会计监督。

(6) 提高技能。要求会计人员增强提高专业技能的自觉性和紧迫感,勤学苦练、刻苦钻研、不断进取,提高业务水平。

(7) 参与管理。要求会计人员在做好本职工作的同时,努力钻研相关业务,全面熟悉本单位经营活动和业务流程,主动提出合理的建议,协助领导决策,积极参与管理。

(8) 强化服务。要求会计人员树立服务意识,提高服务质量,努力维护和提升会计职业的良好社会形象。

三、电子商务中的诚信教育

在电子商务中,消费者与商家通过互联网进行信息交流,没有传统模式中的面对面直接沟通的机会,彼此之间的信任没有一个合适的载体来传递。此时,消费者和商家在不了解彼此信用度的情况下,只能依靠以往的销售或购物经验及彼此的需求进行交易。

(一) 电子商务中的非诚信表现

(1) 网络信息不真实。消费者和商家都存在提供不实信息的问题。消费者在注册购物网站时提供虚假信息,使商家在处理业务时产生不必要的麻烦,给商家带来一定的困扰;商家在对商品进行描述时提供虚假信息,没有真实地还原商品细节,对商品的质量或者功效夸大其词,误导或影响了消费者的正确判断和选择。

（2）商家描述的商品与实际商品不一致。消费者通过商家的语言、文字、图像等描述方式对商品的质量或细节进行了解，由于商家有意倾向于提高商品的客观质量，故在对商品进行描述时会夸大其词，这不仅伤害了消费者的消费感受，也严重影响了消费者自身的经济利益。商家的非诚信行为没能使消费者买到满意的商品。

（3）不及时付款或发货。在一些 B2C 网站进行交易时，会出现一些不和谐的现象。例如，买家收到商品后不及时付款，或无故退货，增加了企业的经营成本；商家收到买家付款却不及时发货或不发货，损害了买家的利益，给买家带来困扰，陷入诚信危机。

（4）产品售后服务无保障。有些商家在消费者购买其商品前承诺的商品售后服务在消费者购买后却没有实现，面对消费者的询问，很多商家选择冷漠对待、不受理，使消费者无法享受应有的服务，影响了商品的整体价值。

（5）消费者私密信息无安全保障。消费者的个人信息、消费记录等私密信息被泄露，如在交易过程中，传输的重要信息被窃取；在支付时，支付密码或银行卡密码被记录，使交易存在一定的风险，达不到绝对保密。此外，消费者在完成交易后仍能收到来自商家的宣传短信或电话，这也是消费者信息被记录的表现。

（6）物流服务不周全。在运输过程中，商品受损或丢失、商品不能被及时送到以及派件人员态度粗暴、不认真等，都会降低物流服务的质量。

（二）电子商务中存在不诚信行为的原因

从表面上看，电子商务的虚拟性和不确定性是非诚信行为产生的主要原因，但其根本原因是深层次的社会经济原因。

（1）相关的法律条例不齐全。虽然我国已颁布了关于互联网的法律法规，但其中涉及电子商务的部分相对来说还不是很完备，对于一些问题的解决缺乏相关的法律支持。而且，我国在电子商务方面的立法较晚，不能对交易中的主体提供强有力的法律保障。除此之外，我国还缺少与信用制度相对应的失信惩罚制度，面对社会经济中的种种失信行为，没有一条确切的法律条例能对其进行惩罚，这使电子商务失信现象进一步加重。

（2）信用管理制度缺失。一个完善的信用管理体系要有基本的有关信用方面的立法、执法，行业自律，政府对企业诚信行为的监督等。虽然诚信现已有了初步的运作形态，众多公司按照商业原则互相竞争，但仍存在运作不规范现象，行业自律尚未形成。与其对应的监管制度相对落后，缺乏对诚信的有效管理，导致行业竞争秩序混乱。此外，政府的多头管理现象仍旧存在，各部门对各领域信用制度的要求不统一，管理中存在漏洞，使企业在管理方面的负担加重，也使失信行为逃脱惩罚有了可乘之机。

（3）商家和消费者的诚信意识薄弱。我国诚信基础相对薄弱，信用问题一直困扰着整个经济体系，群众信用意识不足的现象普遍存在。我国的监管机制尚不健全，消费者和商家在交易过程中缺乏诚信意识，彼此之间防范多于信任。不同于传统商务活动的面对面交流，电子商务主要基于互联网，利用电子技术进行交易，由于交易双方的网上信用意识较差，所以增大了企业市场行为的随意性。

（4）电子商务的虚拟性与不确定性。电子商务以互联网为平台进行贸易活动，互联网则是在一个完全虚拟的环境，所以它的虚拟性是不容忽视的。在虚拟的网络环境中，网络主体表现得并不完整和真实，交易双方也无法确认彼此真实的信用状况，因此产生了交易的不确定性，导致彼此缺少足够的信任。

（5）利益的诱惑。既然是交易活动，其中受关注的除去诚信问题外，另一点就是利益问题。交易的本质就是利益的交换。在利益的驱使下，很多企业只以"钱"为中心。利用网络从事商务活动，只注重短期经济效益，而忽略了商品的质量、物流配送、售后服务等方面，致使消费者对其失去信心。此外，一些消费者为了自身的利益，有时也会做出损害商家利益的事。

综上所述，造成我国电子商务诚信危机的根源颇深，阻碍了企业电子商务的全面发展，交易中商家和消费者的诚信意识缺失使电子商务的发展陷入瓶颈。想要电子商务更快速、更平稳的发展，就必须解决存在的问题，提出相应的对策。

（三）解决电子商务中不诚信行为的途径

为了让电子商务有一个和谐健康的发展环境，建立一套完善的社会信用保障制度成为一种必然趋势。完善的社会信用保障制度不仅为我国谋求发展电子商务的企业提供了一个互相监督、共同进步的发展平台，规范了企业的诚信行为，而且为交易双方的合法权益提供了安全保障。

（1）营造良好的电子商务发展环境。电子商务发展受到阻碍的主要因素是人们缺少基本的信用意识，为了一己之利而忽视给别人带来的不好的影响。想要电子商务进一步发展就要驱除信用缺失这一障碍，倡导诚信观念，促进企业诚信经营，消费者素质购物，培养全民诚信意识，提高道德素质，营造一个诚实守信的社会经济氛围，踏出电子商务健康成长的第一步。

（2）完善相关法律法规。信用是一种道德观点，也是一个法学概念，而法律法规作为维护、判定人们合法权益的唯一依据，在电子商务中起着重大作用。目前，我国电子商务的发展迫切需要一个公平、公正、公开的环境，作为诚信的最后一道保障，加强信用法律法规的建设刻不容缓。虽然我国已颁布《中华人民共和国电子签名法》《商用密码管理条例》等与互联网相关的法律法规，但其中涉及网络交易方面的条例仍不完备，迫切需要一套完整的法律制度来规范电子商务行为，明确参与交易的双方的责任，使电子商务有法可依。

电子商务在我国还处于发展阶段，相关法律制度的建立也是一个长期且复杂的工程。结合电子商务在我国发展的实际情况，可以向国外电子商务发展得好的国家学习经验，对比国与国之间电子商务发展的差异，总结并建立适合中国市场环境的法律制度。

（3）完善社会信用体系。企业要想树立良好的企业形象就要有良好的信用评价；消费者在购物时，同类商品也会倾向于信用评价高、口碑好的品牌。互联网作为信息传递的平台有着信息传播速度快、传播范围广等优点，所以企业可以利用互联网来实现企业信用评价的传播。

建立一个全国范围的信息数据库，可通过访问数据库来查询国内企业和个人买家的详细资料、信用评价等，并对企业和个人的信用评价进行及时更新。除去信用评价，还可查询企业和个人是否有恶意透支信用卡、逃税及其他不良记录，实现信用透明化。

政府部门也可建立监管机构来监督企业网站发布的信息是否真实可信、产品描述是否与实物一致、产品质量是否达到标准。制定奖罚制度，严格执行监管条例，确保企业信息真实可信。

（4）加强网络技术开发和应用。电子商务的实现手段是电子技术，可见信息安全技术在信用体系中扮演着重要的角色。随着 B2B、B2C、C2C 等交易模式的发展，越来越多的购物网站投入运营。在网站进行购物时会涉及个人信息的填写、支付密码和银行卡密码等重要信息的输入，此时消费者就会担心这些信息的输入是否安全。通过建立信用信息安全管理的规范，对消费者个人隐私信息进行严格的管理、保密，以保障个人信息的安全。

信用体系的建设需要强大的网络技术来支持。加强信息安全技术、数据采集技术、数据挖掘技术等网络安全认证技术的开发和应用，不断加强网络交易环境的安全性，让消费者能真正地享受网上购物，无须担心安全问题。

（5）提高消费者的自我保护意识。网络交易存在着虚拟性和不确定性，容易滋生欺诈现象。以下列出了几个需要在交易过程中特别留意的方面：

①确保链接安全。在提交重要信息前一定要确保交易环境安全，确认信息是通过安全链接传输的。

②保护自己的隐私。交易前阅读一下网站隐私保护条款，确认网站对个人信息的使用途径和安全保护，避免泄露个人的重要信息。

③保护密码。不要用过于简单的数字串做密码，同时也应避免用出生日期、手机号码、节日等容易被破解的数字做密码。

④阅读销售条款。了解有关商品的细节、配送及售后问题，避免产生不必要的纠纷，使个人利益受损。

⑤确认订单。提交订单前再确认一遍订单，检查收货地址、收货人、联系方式是否填写正确。

总之，在网上购物时，消费者要"擦亮自己的眼睛"，提高自我保护意识，尽可能多地避免一些不必要的麻烦，以确保个人利益不受损。

第三节　会计核算原理

【导入案例】

天猫"双11"品牌活动

晓甜伊人商贸有限公司在天猫设专卖店进行网上销售,"双11"期间发生下列业务:

(1) 对 A 款上衣进行半价出售,A 款上衣原价 1 053 元,销售 300 件。

(2) 对女士商务皮鞋推出"满 600 元减 50 元,满 1 000 元减 100 元"的优惠活动,某买家购买两款皮鞋,价款共计 1 270 元,扣减 100 元后买家支付 1 170 元。

(3) 对 C 款袜子进行"买五赠一"的促销活动,该袜子单价为 120 元,某买家购买 5 双该款袜子并获赠 1 双。

案例思考

(1) 根据上述资料,分析该商贸企业应该如何处理这些经济业务?

(2) 试分析这些经济业务对企业税收的影响。

一、会计基本假设

会计基本假设又称会计基本前提,是企业组织会计工作时必须具备的前提条件,是会计确认、计量和报告的前提,也是对会计核算所处时间、空间范围等做出的合理设定。

(一) 会计基本假设的主要内容

企业会计核算对象、会计核算期间、会计政策的选择、会计数据的搜集等都要以会计基本假设为依据。会计基本假设包括会计主体、持续经营、会计分期和货币计量。

1. 会计主体

会计主体是指会计人员服务的特定单位或组织,是企业会计确认、计量和报告的空间范围。

会计核算应当以一个特定独立的或相对独立的经营单位的经营活动为对象,对其本身发生的交易或事项进行会计确认、计量和报告。企业是典型的会计主体,但会计主体也可以是企业内部相对独立的经营单位。会计主体不同于法律主体的概念,会计主体可以是一个独立的法律主体,如企业法人;也可以不是一个独立的法律主体,如企业内部相对独立的核算单位、由多个企业法人组成的企业集团等。

会计主体规定了会计核算内容的空间范围，这一前提明确了会计所提供的信息（特别是财务报表），反映的是特定的会计主体的财务状况和经营成果，既不能与其他会计主体相混淆，也不能将本会计主体的会计事项遗漏或转嫁。

2. 持续经营

持续经营是指会计主体在可以预见的未来，会按照当前的规模、状况和既定目标持续经营下去，不会大规模削减业务，也不会停业。

企业在会计确认、计量和报告时应当以企业持续、正常的生产经营活动为前提，并且确保可预见的未来企业的经营活动会按照既定经营方针和目标无限期延续下去，不会面临破产清算。只有这样，企业所持有的资产将按既定目标正常营运，企业所负有的债务将按既定合约条件正常偿还，会计信息的可比性等会计信息质量要求才能得到满足，会计计量的历史成本计量属性才能发挥作用，企业在信息的收集和处理上采用的会计方法才能保持稳定，会计核算才能正常进行。例如，在市场经济条件下，企业破产清算的风险始终存在，一旦企业发生破产清算，所有以持续经营为前提的会计程序与方法就不再适用，而应当采取破产清算的会计程序和方法。

当然，一般企业是不会永久、持续地经营的，一旦企业不具备持续经营的前提，即将或已经停业，则应当改变会计核算的原则和方法，并在企业财务报告中作相对披露。

3. 会计分期

会计分期是指将一个持续经营的会计主体的生产经营活动期间划分为若干持续的、长短相同的期间。

会计期间分为年度和中期。以年度为会计期间通常称为会计年度，会计年度的起止时间，各个国家划分方式不尽相同。在我国，以公历年度作为企业的会计年度，以公历1月1日起至12月31日止。在年度内，再划分为季度和月度等较短的期间，这些短于一个完整的会计年度的报告期间统称为中期。会计分期的目的是确定每一个会计期间的收入、费用和盈亏等，据以按期结清账目，编制财务会计报告，从而及时向财务会计报告使用者提供有关企业财务状况、经营成果和现金流量的信息。

明确会计分期这一基本假设后，会计工作才产生了当期与其他期间的差别，从而出现了权责发生制和收付实现制。

4. 货币计量

货币计量是指特定会计主体进行确认、计量和报告时，以货币为计量单位来反映企业的财务状况、经营成果和现金流量的信息。

对企业经济活动进行计量时，存在多种计量单位，如实物数量、货币、质量、长度、体积等。人们通常把货币以外的计量单位称为非货币计量单位。由于计量各种经济活动的非货币计量单位具有不同的性质，因而在量上无法直接进行比较。为了连续、系统、全面、综合地反映企业的经营活动，客观上需要一种统一的计量单位作为会计核算的计量尺度。

在我国，企业会计通常将人民币作为记账本位币。业务收支以人民币以外的货币为主的企业，可以选择其中一种货币作为记账本位币，但是编报的财务会计报告应当折算为人民币；在境外设立的中国企业向国内报送的财务会计报告，应当折算为人民币。

(二) 电子商务对会计基本假设的影响

随着电子商务的发展，原有的会计所依据的社会经济环境发生了巨大变化，使得会计基本假设也发生了相应的变化。

1. 对会计主体假设的影响

会计主体又称会计实体，是指会计为之服务的特定组织，规定了会计活动的空间范围。这个特定组织是有形实体概念。而网络公司作为一种虚拟公司（Virtual Firm），为了完成某一目标会在短时间内结合形成一个存在于计算机网络上各独立法人企业组成的临时结盟体，它没有固定的形态，没有确定的空间范围。组成网络公司的各独立法人企业可以借助计算机网络，随时根据实际情况增加或减少组合方。换言之，网络公司作为会计主体具有可变性，这就使得对会计主体的认定产生困难，使会计核算的空间范围处于一种模糊状态。如果会计主体不确定，那么，资产、负债、收入、费用等会计要素就没有空间的归属，会计信息使用者就无法理解财务报告所反映的会计信息。因此，我们可以将会计主体看作一个相对的概念，以确定网络公司"虚"的会计主体——计算机网络上各独立法人企业组成的临时结盟体。这样，我们就要用相对的会计主体假设替代现行的会计主体假设，以确定电子商务时代的会计核算的空间范围，从而正确地确认和计量资产、负债、收入、费用等会计要素，向会计信息使用者提供会计信息。

2. 对持续经营假设的影响

持续经营假设的基本含义是：会计主体的生产经营活动将无限期地持续下去，在可预见的未来，会计主体不会因清算、解散、倒闭而不复存在。只有在这一假设下，企业的再生产过程才得以进行，企业资本才能正常循环，会计才可用历史成本而非生产价格来确认。而在电子商务时代，网络公司只是一个临时结盟体，在完成目标后可能立即解散，此时持续经营假设将不再适用。同时，会计核算否定了持续经营假设，我们就要借鉴破产清算会计中的破产清算及破产清算期间假设，并在此基础上研究公允价值、收付实现制等确认、计量基础的理论与实践意义，这样才有利于加强对网络公司的风险管理。

3. 对会计分期假设的影响

会计分期是指将会计持续不断的经营活动分为各个连续的、长短相同的期间。其目的在于通过会计期间的划分，结算账目、编制财务报告，提供有关财务状况和经营成果的会计信息。而在电子商务时代，会计分期假设将会完全被否定，其原因：第一，计算机网络的使用使网络上的一项交易可在瞬间完成。网络公司可能在交易完成之后立即解散，换言之，网络公司的存续时间即是某项业务从开始到结束的期间，具有很大的弹性。在公司存续期间不确定的情况下，尤其是在存续期间很短的情况下，仍进行期间划分，不仅难度很大，而且没有什么实际意义；第二，在电子商务时代，由于财务报告采用实时报告系统（Real Time Reporting System），任何时候，会计信息使用者都可以从网络上获得最新的财务报告，而不必等到一个会计期间结束由报告企业编制财务报告后才得到。在这种财务报告模式下，根本不需要对会计期间进行划分。

4. 对货币计量假设的影响

货币计量假设包括币值不变（一致性）假设和记账本位币（唯一性）假设。一方面，媒体空间的无限扩展性使得资本流动加快，资本决策可在瞬间完成，从而加剧了会计主体所面临的货币风险，也冲击了币值不变假设；另一方面，网上银行的兴起、电子货币的出现，强化了记账本位币假设，使得货币真正成为观念的产物。因此，面对货币计量假设所受到的冲击与强化，完全有可能产生一种浮动的、全球一致的电子购买力单位。这样，货币计量假设可能会被人们扬弃，并最终形成电子购买力单位计量假设。

同时还有一个值得注意的问题：在现代电子商务中，通过货币反映的价值信息已不足以成为管理者和投资者决策的主要依据，而诸如创新能力、客户满意度、市场占有率、虚拟企业创建速度等表现企业竞争力方面的指标更能代表一个企业未来的获利能力，但在报表上它们又不能用货币来表示。随着知识的创新和技术的进步，产生了以电子商务为代表的新的商务模式，对无形资产（特别是知识产权）和人力资源的计量、高级技术管理人员价值的计算、高科技企业潜在的高额风险回报的计量、通货膨胀的计量等成为突出问题。因此，会计计量手段将不再局限于电子货币，而是会向多元化发展。

二、会计核算基础

（一）会计核算基础的规定

会计核算基础就是应当以权责发生制为基础进行会计确认、计量和报告。由于企业存在会计期间，因此现金实际收付的期间和资源实际变动的期间可能不一致。这样在资产、负债、收入和费用确认时，就出现了可供选择的两种制度：收付实现制和权责发生制。收付实现制按照会计期间内实际收付的现金对相关项进行确认、计量和报告；权责发生制应按收入的权利和义务是否属于本期来确认收入、费用的入账时间。

在权责发生制下，凡是本期实现的收入和已经或应当负担的费用，不论款项是否收付，都应当作为本期的收入和费用入账；凡不属于本期的收入和费用，即使款项已经在本期收付，也不作为本期的收入和费用。与权责发生制相对应的是收付实现制。收付实现制是按照款项实际收到或付出的日期来确定收入和费用的归属期的。

我国企业的会计准则规定，企业应当以权责发生制为基础进行会计确认、计量和报告。

（二）电子商务对权责发生制的影响

在电子商务时代，由于采用了实时报告系统，不再需要进行会计分期，因此权责发生制将失去存在的基础。由于电子商务否定了会计分期，采用收付实现制。所以，网络公司的经营所得和实际支出的款项可直接作为收入和费用，从而可以更好地反映公司的现金流量。

三、会计信息质量要求

会计信息质量要求是对企业财务报告中提供的会计信息质量的基本要求，是使财务报告中提供的会计信息对使用者决策有用所应具备的基本特征，它包括可靠性、相关性、可理解性、可比性、实质重于形式、重要性、谨慎性和及时性等。

（一）会计信息质量的基本规定

1. 可靠性

可靠性要求企业应当以实际发生的交易或者事项为依据进行确认、计量和报告，如实反映符合确认和计量要求的各项会计要素及其他相关信息，保证会计信息真实可靠、内容完整。

会计信息要想有用，必须以可靠为基础，如果财务报告提供的会计信息是不可靠的，就会给投资者等会计信息使用者的决策产生误导甚至损失。为了贯彻可靠性要求，企业应当做到：

（1）以实际发生的交易或者事项为依据进行确认、计量，将符合会计要素定义及其确认条件的资产、负债、所有者权益、收入、费用和利润等如实反映在财务报表中，不得根据虚构的、没有发生的或者尚未发生的交易或者事项进行确认、计量和报告。

（2）在符合重要性和成本效益原则的前提下，保证会计信息的完整性，其中包括编报的报表及其附注内容等应当保持完整，不能随意遗漏或者减少应予披露的信息，与会计信息使用者决策相关的有用信息都应当充分披露。

（3）在财务报告中的会计信息应当是中立的、无偏的。如果企业在财务报告中为了达到事先设定的结果或效果，通过选择或列示有关会计信息来影响决策和判断,那么这样的财务报告信息不是中立的。

2. 相关性

相关性要求企业提供的会计信息应当与会计信息使用者的经济决策需要相关,有助于会计信息使用者对企业过去、现在或者未来的情况做出评价或者预测。

会计信息是否有用,是否具有价值,关键是看其与会计信息使用者的决策需要是否相关,是否有助于决策或者提高决策水平。会计信息的相关性表现为反馈价值和预测价值。相关的会计信息应当有助于会计信息使用者评价企业过去的决策,证实或者修正过去的有关预测,因而具有反馈价值。相关的会计信息还应当具有预测价值,即有助于会计信息使用者根据提供的会计信息预测企业未来的财务状况、经营成果和现金流量。

会计信息质量的相关性要求企业在确认、计量和报告会计信息的过程中,充分考虑会计信息使用者的决策模式和信息需要。但是,相关性是以可靠性为基础的,两者之间并不矛盾,不应将两者对立起来。也就是说,会计信息应在可靠的前提下,尽可能地做到相关性,以满足会计信息使用者的决策需要。

3. 可理解性

可理解性要求企业提供的会计信息应当清晰明了,以便于会计信息使用者理解和使用。

企业编制财务报告、提供会计信息的目的在于使用,而要使会计信息使用者有效使用会计信息,应当能让其了解会计信息的内涵,弄懂会计信息的内容,这就要求财务报告提供的会计信息应当清晰明了,易于理解。只有这样,才能提高会计信息的有用性,实现财务报告的目标,满足所提供的信息对会计信息使用者进行决策有用的要求。对于某些复杂的信息(如交易本身较为复杂或者会计处理较为复杂,但其对会计信息使用者的经济决策相关),企业应当在财务报告中予以充分披露。

4. 可比性

可比性要求企业提供的会计信息应当相互可比。这主要包括两层含义:

(1)同一企业不同时期可比。这样便于会计信息使用者了解企业财务状况、经营成果和现金流量的变化趋势,比较企业在不同时期的财务报告信息,全面、客观地评价过去,预测未来,从而做出决策。会计信息质量的可比性要求同一企业不同时期发生的相同或者相似的交易或者事项,应当采用一致的会计政策,不得随意变更。但是,满足会计信息可比性要求,并非表明企业不得变更会计政策,如果按照规定或者在会计政策变更后可以提供更可靠、更相关的会计信息,则可以变更会计政策。有关会计政策变更的情况,应当在附注中予以说明。

(2)不同企业相同会计期间可比。为了便于会计信息使用者评价不同企的财务状况、经营成果和现金流量及其变动情况。会计信息质量的可比性要求不同企业同一会计期间发生的相同或者相似的交易或者事项，应当采用规定的会计政策，确保会计信息口径一致、相互可比，以使不同企业按照一致的确认、计量和报告要求提供有关会计信息。

5. 实质重于形式

实质重于形式要求企业应当按照交易或者事项的经济实质进行会计确认、计量和报告，不仅仅以交易或者事项的法律形式为依据。

对于企业发生的交易或事项，在多数情况下，其经济实质和法律形式是一致的。但在某些情况下，会不一致。例如，以融资租赁方式租入的资产虽然从法律形式来讲企业并不拥有其所有权，但是由于租赁合同中规定的租赁期相当长，接近于该资产的使用寿命，所以租赁期结束时承租企业有优先购买该资产的选择权，且在租赁期内承租企业有权支配该资产并从中受益等。因此，从经济实质来看，若企业能够控制以融资租赁方式租入的资产所创造的未来经济利益，则在会计确认、计量和报告上就应当将以融资租赁方式租入的资产视为企业的资产列入企业的资产负债表。

6. 重要性

重要性要求企业提供的会计信息应当反映与企业财务状况、经营成果和现金流量有关的所有重要交易或者事项。

在实际工作中，如果会计信息的省略或者误报会影响会计信息使用者据此做出决策，那么该信息就具有重要性。重要性需要凭借职业经验来进行判断，企业应当根据其所处环境和实际情况加以判断。如果某项会计信息的省略或误报会影响会计信息使用者据以做出的决策，那么它就具有重要性。反之，则不然。可见，重要性就像一道门槛，对众多的信息施加一种限制。至于重要性大小的判断则要依赖会计人员的个人经验和素质。企业应当根据其所处的环境和实际情况，从事项的性质和金额大小等方面来判断会计信息的重要性。

7. 谨慎性

谨慎性要求企业对交易或者事项进行会计确认、计量和报告应当保持应有的谨慎，不应高估资产或者收益、低估负债或者费用。

会计信息质量的谨慎性要求企业需要在面临不确定性因素的情况下做出职业判断时，应当保持应有的谨慎，充分估计各种风险和损失，既不高估资产或者收益，也不低估负债或者费用。例如，要求企业对可能发生的资产减值损失计提资产减值准备、对售出商品可能发生的保修义务等确认预计负债等，就体现了会计信息质量的谨慎性要求。谨慎性的应用也不允许企业设置秘密准备，如果企业故意低估资产或者收益，抑或者故意高估负债或者费用，则将不符合会计信息的可靠性和相关性的要求，损害会计信息质量，扭曲企业实际的财务状况和经营成果，从而对会计信息使用者的决策产生误导，这是会计准则所不允许的。

8. 及时性

及时性要求企业对于已经发生的交易或者事项，应当及时进行确认、计量和报告，不得提前或者延后。

会计信息的价值在于帮助所有者或者其他方面做出经济决策，具有时效性。即使是可靠、相关的会计信息，如果不及时提供，就失去了时效性，对于会计信息使用者的效用就大大降低甚至不再具有实际意义。在会计确认、计量和报告过程中贯彻及时性，主要包括下面三个方面：

（1）及时收集会计信息，即在经济交易或者事项发生后，及时收集整理各种原始单据或者凭证。

（2）及时处理会计信息，即按照会计准则的规定，及时对经济交易或者事项进行确认或者计量，并编制财务报告。

（3）及时传递会计信息，即按照国家规定的有关时限，及时地将编制的财务报告传递给财务报告使用者，以便于其及时使用和决策。

在实际工作中，为了及时提供会计信息，可能需要在有关交易或者事项的信息全部获得之前即进行会计处理，这样就满足了会计信息的及时性要求，但这可能会影响会计信息的可靠性；反之，如果企业等到与交易或者事项有关的全部信息获得之后再进行会计处理，那么对于投资者等财务报告使用者来说，决策的有用性可能会因信息披露的时效性问题而大大降低。这就需要在及时性和可靠性之间做相应权衡，以最好地满足投资者等财务报告使用者的经济决策需要为判断标准。

（二）电子商务会计原则的影响

1. 历史成本原则

历史成本原则是指将取得资产时实际发生的成本作为其入账价值，在资产处置前保持资产价值不变。电子商务对历史成本原则的影响有：

（1）历史成本原则以持续经营假设为基础，然而电子商务否定了持续经营假设，因此历史成本原则将失去存在价值。

（2）网络公司的交易对象多是处于活跃市场的金融工具，其市场价格波动频繁，历史成本不能如实反映网络公司的财务状况和经营成果，与会计信息使用者的相关性极差。

（3）历史成本是一种静态的计量属性，它对网络公司的经营业绩的反映相对滞后，经营管理者无法根据市场变化及时调整经营策略，会计参与决策的职能无法发挥。

在电子商务时代，信息技术的发展使资产按现时价值、可变现净值计价成为可能。通过在线访问，可以从网络上获得最新的资产成交价格信息。例如与美国芝加哥交易所联网的公司可以很容易地知道采用"盯市"(Marketing to Market)制定的期货产品的当日价格。采用现时价值计价,可以为投资者提供更有价值的信息。

拓展习题

一、单项选择题

1. 会计的基本职能是( )。
   A. 反映与分析   B. 反映与核算
   C. 核算与监督   D. 控制与监督

2. 会计的对象是指( )。
   A. 资金的投入与退出
   B. 企业的各项经济活动
   C. 社会再生产过程中能用货币表现的经济活动
   D. 预算资金运动

3. 工业企业资金循环的过程是( )。
   A. 储备资金→货币资金→商品资金→生产资金→储备资金
   B. 生产资金→储备资金→商品资金→货币资金→生产资金
   C. 商品资金→储备资金→生产资金→货币资金→商品资金
   D. 货币资金→储备资金→生产资金→商品资金→货币资金

4. 甲企业于 2018 年 5 月购入了一批原材料,会计人员在 7 月才入账,这违背了会计信息质量的( )要求。
   A. 实质重于形式   B. 谨慎性
   C. 及时性   D. 明晰性

5. 企业会计的确认、计量和报告的基础是( )。
   A. 持续经营   B. 权责发生制
   C. 收付实现制   D. 货币计量

6. 企业将以融资租赁方式租入的固定资产视作企业自有固定资产计提折旧,遵循的是( )。
   A. 客观性   B. 重要性
   C. 谨慎性   D. 实质重于形式

7. 下列说法中,能够保证同一企业会计信息前后各期相互可比的是( )。
   A. 为了提高会计信息质量,要求企业提供的会计信息能够在同一会计期间不同企业之间进行相互比较
   B. 存货的计价方法一经确定,不得随意改变,如需变更,则应在财务报告中说明

C. 对于已经发生的交易或事项，应当及时进行会计确认、计量和报告

D. 对于已经发生的交易或事项进行会计确认、计量和报告时不应高估资产或者收益，低估负债或者费用

8. 某公司2018年3月销售萎缩，预计到2018年春节出现销售旺季，于是预计确认收入50万元，这违背了(　　)要求。

A. 可靠性　　　　　　　　B. 实质重于形式

C. 及时性　　　　　　　　D. 谨慎性

9. 下列不属于会计中期的是(　　)。

A. 月度　　　　　　　　　B. 季度

C. 年度　　　　　　　　　D. 半年度

10. 下列不属于会计信息质量要求的是(　　)。

A. 权责发生制　　　　　　B. 客观性

C. 及时性　　　　　　　　D. 可理解性

11. 以权责发生制为基础的会计处理方法体现的会计基本前提是(　　)。

A. 会计主体　　　　　　　B. 持续经营

C. 会计分期　　　　　　　D. 货币计量

12. 明确(　　)是组织会计核算工作的首要前提，因为它界定了会计活动的空间范围。

A. 会计主体　　　　　　　B. 持续经营

C. 货币计量　　　　　　　D. 会计分期

13. (　　)是指在正常情况下，会计主体的生产经营活动按既定的经营方针和预定的经营目标会无限期地经营下去，在可预见的未来，不会破产清算。

A. 会计主体　　　　　　　B. 持续经营

C. 货币计量　　　　　　　D. 会计分期

14. 我国会计准则规定，会计核算以人民币为记账本位币。业务收支以人民币以外货币为主的企业，也可以选定某种外币作为记账本位币，但编制的会计报表应当(　　)来反映。

A. 任意外币　　　　　　　B. 折算为某一特定外币

C. 折算为人民币　　　　　D. 随意

15. 《企业会计准则——基本准则》规定企业应当以(　　)为基础进行会计确认、计量和报告。

A. 收付实现制　　　　　　B. 权责发生制

C. 现收现付制和应收应付制　D. 任意

16. 企业将劳动资料划分为固定资产和低值易耗品，是基于(　　)这一会计核算质量要求。

A. 重要性　　　　　　　　B. 可比性

C. 谨慎性　　　　　　　　　　　D. 可理解性

17. 对期末存货采用成本与可变现净值孰低计价，其所体现的会计核算质量要求的是(　　)。
A. 及时性　　　　　　　　　　　B. 相关性
C. 谨慎性　　　　　　　　　　　D. 重要性

18. 下列说法中，体现可比性要求的是(　　)。
A. 核算发出存货的计价方法一经确定，不得随意改变，如有变更则需在财务报告中说明
B. 对部分资产、负债采用公允价值计量
C. 将以融资租赁方式租入的固定资产视作企业自有固定资产
D. 期末对存货采用成本与可变现净值孰低计价

19. 强调不同企业之间会计信息的相互比较的会计核算要求的是(　　)。
A. 相关性　　　　　　　　　　　B. 可比性
C. 可靠性　　　　　　　　　　　D. 可理解性

二、多项选择题

1. 企业单位的资金运动按其运动的表现形态，可分为(　　)。
A. 资金循环　　　　　　　　　　B. 资金周转
C. 静态表现　　　　　　　　　　D. 动态表现

2. 下列属于会计信息质量要求的是(　　)。
A. 可靠性　　　　　　　　　　　B. 一贯性
C. 可理解性　　　　　　　　　　D. 及时性

3. 在下列各种会计处理方法中，体现谨慎性要求的有(　　)。
A. 固定资产采用加速折旧法计提折旧
B. 存货计提跌价准备
C. 长期股权投资采用成本法核算
D. 将以融资租赁的方式租入的固定资产视作企业自有固定资产进行核算

4. 下列不属于会计信息质量要求的有(　　)。
A. 实质重于形式　　　　　　　　B. 重要性
C. 划分收益性支出和资本性支出　D. 配比原则

5. 在下列项目中，符合谨慎性会计信息质量要求的有(　　)。
A. 在建工程计提减值准备
B. 无形资产计提减值准备
C. 存货期末计价采用成本与可变现净值孰低法
D. 固定资产计提减值准备

6. 下列哪项是青山公司的负债(　　)。
A. 青山公司两年前从银行借入的款项

B. 青山公司购入商品时货款尚未支付
C. 青山公司与银行达成了2个月后借入100 000元的意向
D. 青山公司预收其他企业货款60 000元

7. 会计核算的基本前提是(　　)
 A. 会计主体   B. 持续经营
 C. 核算与监督   D. 货币计量

8. 可比性包括(　　)两个方面。
 A. 纵向可比   B. 内外可比
 C. 横向可比   D. 历史可比

9. 可以作为一个会计主体，进行会计核算的有(　　)。
 A. 企业生产车间   B. 企业专设的销售机构
 C. 分公司   D. 母公司及其子公司组成的企业集团

10. 按照权责发生制，下列收入或费用应归属于本期的是(　　)。
 A. 本期销售产品的收入款项，对方尚未付款
 B. 预付明年的保险费
 C. 本月收回上月销售产品的货款
 D. 尚未实际支付的本月的借款利息

第二章

会计核算基础

【知识目标】

◇ 了解会计六大要素；
◇ 了解会计科目与账户；
◇ 理解会计等式和复式记账；
◇ 了解会计凭证和账簿；
◇ 认识会计报表。

【技能目标】

◇ 通过对本章的学习，培养学生分析经济事项中的会计要素、编制会计分录的能力；
◇ 认识会计凭证、会计账簿，提高电子商务人员与会计人员合作的工作能力。

第一节　会计要素

会计要素是对会计核算对象按交易或事项的经济特征进行的基本分类，是会计核算对象的具体化。它既是会计确认和计量的依据，也是确定财务报表结构和内容的基础。会计要素主要包括资产、负债、所有者权益、收入、费用和利润六大要素。其中，资产、负债和所有者权益用以反映企业的财务状况，构成资产负债表的基本框架；收入、费用和利润用以反映企业的经营成果，构成利润表的基本框架，因此这六大会计要素又称财务报表要素。

一、反映财务状况的会计要素

财务状况是指企业一定日期的资产及权益情况,是资金运动相对静止状态时的表现。反映财务状况的会计要素包括资产、负债和所有者权益。

(一) 资产

资产是指企业过去的交易或者事项形成的、由企业拥有或者控制的、预期会给企业带来经济利益的资源。

1. 资产的特征

(1) 资产是由企业过去的交易或事项形成的,必须是现实的资产,不能是预期的资产,企业过去的交易或者事项包括购买、生产、建造行为或者其他交易或者事项。

(2) 资产是企业拥有或控制的,即企业享有某项资产的所有权,或者虽然不享有某项资产的所有权,但能够排他性地从资产中获取经济利益。

(3) 其预期会给企业带来经济利益,即直接或者间接导致现金和现金等价物流入企业的潜力。

2. 资产的确认条件

将一项资源确认为资产,除需要符合资产的定义外,还应同时满足以下两个条件:

(1) 与该资源有关的经济利益很可能流入企业。

(2) 该资源的成本或者价值能够可靠地计量。

3. 资产的分类

资产按其流动性不同可以分为流动资产和非流动资产两类,如表 1-2-1 所示。

表 1-2-1 资产的分类

分 类	定 义	项 目
流动资产	流动资产是指预计在一个正常营业周期中变现、出售或耗用,或者主要为交易目的而持有,或者预计在资产负债表日起一年内(含一年)变现的资产,以及自资产负债表日起一年内交换其他资产或清偿负债的能力不受限制的现金或现金等价物	库存现金及各种存款、交易性金融资产、应收及预付款项、存货等
非流动资产	非流动资产是指流动资产以外的资产	长期股权投资、在建工程、固定资产、无形资产、其他资产等

(二) 负债

负债是指企业过去的交易或者事项形成的、预期会导致经济利益流出企业的现时义务。

1. 负债的特征

（1）负债是由企业过去的交易或者事项形成的，是企业承担的现时义务。未来发生的交易或者事项形成的义务不属于现时义务，不应当确认为负债。

（2）负债的清偿预期会导致经济利益流出企业。

（3）负债通常是在未来某一时日通过交付资产或提供劳务来清偿债务的。

2. 负债的确认条件

将一项现实义务确认为负债，除需要符合负债的定义外，还应当同时满足以下两个条件：

（1）与该义务有关的经济利益很可能流出企业。

（2）未来流出的经济利益的金额能够可靠地计量。

3. 负债的分类

负债按其流动性不同可以分为流动负债和非流动负债，如表 1-2-2 所示。

表 1-2-2 负债的分类

分类	定义	项目
流动负债	流动负债是指预计在一个正常营业周期中清偿，或者主要为交易目的而持有，或者自资产负债表日起一年内（含一年）到期应予以清偿，或者企业无权自主地将清偿推迟至资产负债表日后一年以上的负债	短期借款、应付票据、应付账款、预收账款、应付职工薪酬、应交税费、应付利息、应付股利、其他应付款等
非流动负债	非流动负债是指流动负债以外的负债	长期借款、应付债券、长期应付款等

(三) 所有者权益

所有者权益是指企业资产扣除负债后，由所有者享有的剩余权益。公司的所有者权益又称为股东权益。所有者权益是所有者对企业资产的剩余索取权，是企业资产中扣除债权人权益后应由所有者享有的部分。

1. 所有者权益的特征

（1）除非发生减资、清算或分派现金股利，企业一般不需要偿还所有者权益。

（2）企业清算时，只有在清偿了所有负债后，所有者权益才会返还给所有者。

(3) 所有者凭借所有者权益来参与企业利润的分配。

2. 所有者权益的来源构成

所有者权益的来源主要包括所有者投入的资本、直接计入所有者权益的利得和损失、留存收益等。其通常由实收资本（或股本）、资本公积（含资本溢价或股本溢价、其他资本公积）、盈余公积和未分配利润构成。

直接计入所有者权益的利得和损失是指不应当计入当期损益的、会导致所有者权益发生增减变动的、与所有者投入资本或者向所有者分配的利润无关的利得或者损失。利得是指由企业非日常活动形成的、会导致所有者权益增加的、与所有者投入资本无关的经济利益的流入。损失是指由企业非日常活动发生的、会导致所有者权益减少的、与向所有者分配的利润无关的经济利益的流出。

3. 所有者权益的确认条件

所有者权益体现的是所有者在企业中的剩余权益，因此，所有者权益的确认主要依赖于其他会计要素，尤其是资产和负债的确认，所有者权益金额的确定也主要取决于资产和负债的计量。

二、反映经营成果的会计要素

经营成果是企业在一定时期内从事生产经营所取得的最终成果，是资金运动显著变动的主要体现。反映经营成果的会计要素包括收入、费用和利润。

（一）收入

收入是指企业在销售商品、提供劳务及让渡资产使用权等日常活动中形成的、会导致所有者企业增加的、与所有者投入资本无关的经济利益的总流入。

1. 收入的特征

（1）收入是企业在日常活动中形成的，日常活动是指企业为完成其经营目标而从事的经常性活动以及与之相关的活动。企业非日常活动所形成的经济利益的流入不能确认为收入，而应当计入利得。

（2）收入会导致经济利益的流入，该流入不包括所有者投入的资本。

（3）收入最终会导致所有者权益的增加。

2. 收入的确认条件

企业收入的来源渠道是多种多样的，不同的收入来源，其特征不同，收入的确认除了符合定义外，还应当同时满足以下三个条件：

（1）与收入相关的经济利益很可能流入企业。

（2）经济利益流入企业的结果会导致企业资产的增加或者负债的减少。

（3）经济利益流入额能够可靠地计量。

3. 收入的分类

收入按照经营活动的主次，可分为主营业务收入和其他业务收入。

（二）费用

费用是指企业为销售商品、提供劳务等在日常活动中发生的、会导致所有者权益减少的、与向所有者分配的利润无关的经济利益的总流出。

1. 费用的特征

（1）费用是企业在日常活动中发生的，日常活动所产生的费用通常包括销售成本、职工薪酬、折旧费、无形资产摊销费等，企业非日常活动所形成的经济利益的流出不能确认为费用，应当计入损失。

（2）费用会导致经济利益的流出，该流出不包括向所有者分配的利润。

（3）费用最终会导致所有者权益的减少。

2. 费用的确认条件

费用的确认除了符合定义外，还应当同时满足以下三个条件：

（1）与费用相关的经济利益很可能流出企业。

（2）经济利益流出企业的结果会导致企业资产的减少或者负债的增加。

（3）经济利益的流出额能够可靠地计量。

3. 费用的分类

工业企业一定时期的费用通常由生产成本和期间费用两部分构成，如图1-2-1所示。

图1-2-1 工业企业一定时期的费用

（三）利润

利润是指企业在一定会计期间的经营成果，反映的是企业的经营情况，是业绩考核的重要指标。

利润包括收入减去费用后的净额、直接计入当期利润的利得和损失等。其用公式可以表示为：

利润 = 收入 - 费用 + 直接计入当期利润的利得和损失

利得与收入虽然都会导致所有者权益的增加，且都是与所有者投入资本无关的经济利益的总流入，但利得是由企业非日常活动形成的，而收入是在企业日常活动中形成的。损失与费用虽然都会导致所有者权益减少，且都是与向所有者分配的利润无关的经济利益的总流出。但损失是由企业非日常活动发生的，而费用是在企业日常活动中发生的。

第二节 会计科目与账户

一、会计科目定义

按照经济业务的内容和经济管理的要求，对会计要素的具体内容进行分类核算的科目，称为会计科目。会计科目按其提供信息的详细程度及其统驭关系不同，分为总分类科目和明细分类科目。前者是对会计要素具体内容进行总括分类，提供总括信息的会计科目，如"应收账款""原材料"等科目；后者是对总分类科目做进一步分类，以提供更详细、更具体的会计信息的科目，如"应收账款"科目按债务人名称设置明细科目，反映应收账款的具体对象。

二、会计科目设置原则

会计科目作为向投资者、债权人、企业经营管理者等提供会计信息的重要手段，在其设置过程中应努力做到科学、合理、适用，应遵循下列原则：

（1）合法性原则。其是指所设置的会计科目应当符合国家统一会计制度的规定。中国现行的统一会计制度中均对企业设置的会计科目做了规定，以保证不同企业对外提供的会计信息的可比性。企业应当参照会计制度中统一规定的会计科目，根据自身的实际情况设置会计科目，且其设置的会计科目不得违反现行会计制度的规定。对于国家统一会计制度规定的会计科目，企业可以根据自身的生产经营特点，在不影响统一会计核算要求以及对外提供统一的财务报表的前提下，自行增设、减少或合并某些会计科目。

（2）相关性原则。其是指所设置的会计科目应当为提供有关各方所需要的会计信息服务，满足对外报告与对内管理的要求。根据企业会计准则的规定，企业财务报告提供的会计信息必须满足内、对外各方面的需要，而设置的会计科目必须服务于会计信息的提供，必须与财务报告的编制相协调、相关联。

（3）实用性原则。其是指所设置的会计科目应符合单位自身特点，满足单位实际需要。企业的组织形式、所处行业、经营内容及业务种类等不同，在会计科目的设置上亦应有所区别。在合法性的基础上，企业应根据自身特点，设置符合企业需要的会计科目。

会计科目作为对会计要素分类核算的项目，要求简单明确、字义相符、通俗易懂。同时，企业对每个会计科目所反映的经济内容也必须做到界限明确，既要避免不同会计科目所反映的内容重叠的现象，也要防止全部会计科目未能涵盖企业某些经济内容的现象。

三、会计科目简表

会计科目的设置一般从会计要素出发,将其分为资产类、负债类、共同类、所有者权益类、成本类和损益类六大类。参照我国《企业会计准则——应用指南》,常见企业会计科目参照如表1-2-3所示。

表1-2-3 企业会计科目参照

序号	编号	名称	序号	编号	名称
		一、资产类	27	1512	长期股权投资减值准备
1	1001	库存现金	28	1521	投资性房地产
2	1002	银行存款	29	1531	长期应收款
3	1012	其他货币资金	30	1532	未实现融资收益
4	1101	交易性金融资产	31	1601	固定资产
5	1121	应收票据	32	1602	累计折旧
6	1122	应收账款	33	1603	固定资产减值准备
7	1123	预付账款	34	1604	在建工程
8	1131	应收股利	35	1605	工程物资
9	1132	应收利息	36	1606	固定资产清理
10	1221	其他应收款	37	1701	无形资产
11	1231	坏账准备	38	1702	累计摊销
12	1321	代理业务资产	39	1703	无形资产减值准备
13	1401	材料采购	40	1711	商誉
14	1402	在途物资	41	1801	长期待摊费用
15	1403	原材料	42	1811	递延所得税资产
16	1404	材料成本差异	43	1901	待处理财产损溢
17	1405	库存商品			二、负债类
18	1406	发出商品	44	2001	短期借款
19	1407	商品进销差价	45	2101	交易性金融负债
20	1408	委托加工物资	46	2201	应付票据
21	1411	周转材料	47	2202	应付账款
22	1471	存货跌价准备	48	2203	预收账款
23	1501	持有至到期投资	49	2211	应付职工薪酬
24	1502	持有至到期投资减值准备	50	2221	应交税费
25	1503	可供出售金融资产	51	2231	应付股利
26	1511	长期股权投资	52	2232	应付利息

续表

序号	编号	名称	序号	编号	名称
53	2241	其他应付款	五、成本类		
54	2314	代理业务负债	72	5001	生产成本
55	2401	递延收益	73	5101	制造费用
56	2501	长期借款	74	5201	劳务成本
57	2502	应付债券	75	5301	研发支出
58	2701	长期应付款	六、损益类		
59	2702	未确认融资费用	76	6001	主营业务收入
60	2711	专项应付款	77	6051	其他业务收入
61	2801	预计负债	78	6101	公允价值变动损益
62	2901	递延所得税负债	79	6111	投资收益
三、共同类			80	6301	营业外收入
63	3101	衍生工具	81	6401	主营业务成本
64	3201	套期工具	82	6402	其他业务成本
65	3202	被套期项目	83	6403	税金及附加
四、所有者权益类			84	6601	销售费用
66	4001	实收资本	85	6602	管理费用
67	4002	资本公积	86	6603	财务费用
68	4101	盈余公积	87	6701	资产减值损失
69	4103	本年利润	88	6711	营业外支出
70	4104	利润分配	89	6801	所得税费用
71	4201	库存股	90	6901	以前年度损益调整

拓展知识

为了适应社会主义市场经济的发展需要,进一步完善企业会计准则体系,提高企业合并财务报表质量,财政部于2014年2月17日印发了《企业会计准则第33号——合并财务报表》修订版(财会〔2014〕10号),并规定自2014年7月1日起在所有执行企业会计准则的企业范围内施行,鼓励在境外上市的企业提前执行。2006年2月15日发布的原准则(财会〔2006〕3号)同时废止。

以下是新会计准则常用会计科目表经典注释。

期初:(期初)资产 =(期初)负债 +(期初)所有者权益

期内:资产(变动)+ 费用(发生)= 负债(变动)+ 所有者权益(变动)+ 收入

(取得)

期末:(期末)资产=(期末)负债+(期末)所有者权益

(一)资产类

1001 库存现金 企业的库存现金。企业有内部周转使用备用金的,可以单独设置"备用金"科目。期末借方余额,反映企业持有的库存现金。

1002 银行存款 企业存入银行或者其他金融机构的各种款项。银行汇票存款、银行本票存款、信用卡存款、信用证保证金存款、存出投资款、外埠存款等,在"其他货币资金"科目核算。期末借方余额,反映企业存在银行或者其他金融机构的各种款项。

1012 其他货币资金 企业的银行汇票存款、银行本票存款、信用卡存款、信用证保证金存款、存出投资款、外埠存款等其他货币资金。期末借方余额,反映企业持有的其他货币资金。

1101 交易性金融资产 企业为交易目的所持有的债券投资、股票投资、基金投资等交易性金融资产的公允价值。企业持有的直接指定为以公允价值计量且其变动计入当期损益的金融资产,也在本科目核算。期末借方余额,反映企业持有的交易性金融资产的公允价值。

1121 应收票据 企业因销售商品、提供劳务等而收到的商业汇票,包括银行承兑汇票、商业承兑汇票。期末借方余额,反映企业持有的商业汇票的票面金额。

1122 应收账款 企业因销售商品、提供劳务等经营活动而应该收取的款项。因销售商品、提供劳务等而采用递延方式收取合同或者协议价款、实质上具有融资性质的,在"长期应收款"科目核算。期末借方余额,反映企业尚未收回的应收账款;期末贷方余额,反映企业预收的账款。

1123 预付账款 企业按照合同规定预付的款项。预付款项情况不多的,也可以不设置本科目,将预付的款项直接计入"应付账款"科目。企业进行在建工程而预付的工程价款,也在本科目核算。期末借方余额,反映企业预付的款项;期末贷方余额,反映企业尚未补付的款项。

1131 应收股利 企业应该收取的现金股利或者其他单位分配的利润。期末借方余额,反映企业尚未收回的现金股利或者利润。

1132 应收利息 企业的交易性金融资产、持有至到期投资、可供出售金融资产等应该收取的利息。企业购入的一次还本付息的、持有至到期投资在持有期间所取得的利息,在"持有至到期投资"科目核算。期末借方余额,反映企业尚未收回的利息。

1221 其他应收款 企业除应收票据、应收账款、预付账款、应收股利、应收利息、长期应收款等以外的其他各种应收、暂付的款项。期末借方余额,反映企业尚未收回的其他应收款项。

1231　坏账准备　企业应收款项的坏账准备。期末贷方余额，反映企业已计提但尚未转销的坏账准备。

1321　代理业务资产　企业因不承担风险的代理业务而形成的资产，包括受托理财业务进行的证券投资和受托贷款等。对于企业采用收取手续费方式受托代销的商品，可以将本科目改为"1321　受托代销商品"科目。期末借方余额，反映企业代理业务资产的价值。

1401　材料采购　企业采用计划成本进行材料日常核算而购入的材料的采购成本。采用实际成本进行材料日常核算而购入的材料的采购成本，在"在途物资"科目核算。委托外单位加工材料、商品的加工成本，在"委托加工物资"科目核算。购入的工程用材料，在"工程物资"科目核算。期末借方余额，反映企业在途材料的采购成本。

1402　在途物资　企业采用实际成本（或者进价）进行材料、商品等物资日常核算，货款已付但尚未验收入库的在途物资的采购成本。期末借方余额，反映企业在途材料、商品等物资的采购成本。

1403　原材料　企业库存的各种材料，包括原料及主要材料、辅助材料、外购半成品（外购件）、修理用备件（备品备件）、包装材料、燃料等的计划成本或者实际成本。收到来料加工装配业务的原料、零件等，应当设置备查簿进行登记。期末借方余额，反映企业库存材料的计划成本或者实际成本。

1404　材料成本差异　企业采用计划成本进行日常核算的材料的计划成本与实际成本的差额。企业也可以在"原材料""周转材料"等科目设置"成本差异"明细科目。期末借方余额，反映企业库存材料等的实际成本大于计划成本的差异；期末贷方余额，反映企业库存材料等的实际成本小于计划成本的差异。

1405　库存商品　企业库存的各种商品的实际成本（或者进价）或者计划成本（或者售价），包括库存产成品、外购商品、存放在门市部准备出售的商品、发出展览的商品以及寄存在外的商品等。接受来料加工制造的代制品、为外单位加工修理的代修品，在制造、修理完成而验收入库之后，视同企业的产成品，也通过本科目核算。期末借方余额，反映企业库存商品的实际成本（或者进价）或者计划成本（或者售价）。

1406　发出商品　企业未满足收入确认条件但已经发出的商品的实际成本（或者进价）或者计划成本（或者售价）。采用支付手续费方式委托其他单位代销的商品，也可以单独设置"委托代销商品"科目。期末借方余额，反映企业发出的商品的实际成本（或者进价）或者计划成本（或者售价）。

1407　商品进销差价　企业采用售价进行日常核算的商品的售价与进价之间的差额。期末贷方余额，反映企业库存商品的商品进销差价。

1408　委托加工物资　企业委托外单位加工的各种材料、商品等物资的实际成本。期末借方余额，反映企业委托外单位加工但尚未完成的物资的实际成本。

1411　周转材料　企业周转材料的计划成本或者实际成本，包括包装物、低值易耗品，以及企业（建造承包商）的钢模板、木模板、脚手架等。企业的包装物、低值易耗品，也可以单独设置"包装物"科目、"低值易耗品"科目。期末借方余额，反映企业在库周转材料的计划成本或者实际成本以及在用周转材料的摊余价值。

1471　存货跌价准备　企业存货的跌价准备。期末贷方余额，反映企业已计提但尚未转销的存货跌价准备。

1501　持有至到期投资　企业持有至到期投资的摊余成本。期末借方余额，反映企业持有至到期投资的摊余成本。

1502　持有至到期投资减值准备　企业持有至到期投资的减值准备。期末贷方余额，反映企业已计提但尚未转销的持有至到期投资减值准备。

1503　可供出售金融资产　企业持有的可供出售金融资产的公允价值，包括划分为可供出售的股票投资、债券投资等金融资产。可供出售金融资产发生减值的，可以单独设置"可供出售金融资产减值准备"科目。期末借方余额，反映企业可供出售金融资产的公允价值。

1511　长期股权投资　企业持有的采用成本法和权益法核算的长期股权投资。期末借方余额，反映企业长期股权投资的价值。

1512　长期股权投资减值准备　企业长期股权投资的减值准备。期末贷方余额，反映企业已计提但尚未转销的长期股权投资减值准备。

1521　投资性房地产　企业采用成本模式计量的投资性房地产的成本。企业采用公允价值模式计量投资性房地产的，也通过本科目核算。采用成本模式计量的投资性房地产的累计折旧或者累计摊销，可以单独设置"投资性房地产累计折旧（摊销）"科目，比照"累计折旧"等科目进行处理。采用成本模式计量的投资性房地产发生减值的，可以单独设置"投资性房地产减值准备"科目，比照"固定资产减值准备"等科目处理。期末借方余额，反映企业采用成本模式计量的投资性房地产的成本或者采用公允价值模式计量的投资性房地产的公允价值。

1531　长期应收款　企业的长期应收款项，包括融资租赁产生的应收款项、采用递延方式具有融资性质的销售商品和提供劳务等产生的应收款项等。实质上，构成对被投资单位净投资的长期权益，也通过本科目核算。期末借方余额，反映企业尚未收回的长期应收款。

1532　未实现融资收益　企业分期计入租赁收入或者利息收入的未实现融资收益。期末贷方余额，反映企业尚未转入当期收益的未实现融资收益。

1601　固定资产　企业持有的固定资产的原价。建造承包商的临时设施，以及企业购置计算机硬件所附带的、未单独计价的软件，也通过本科目核算。期末借方余额，反映企业固定资产的原价。

1602　累计折旧　企业固定资产的累计折旧。期末贷方余额，反映企业固定资产的累计折旧额。

1603　固定资产减值准备　企业固定资产的减值准备。期末贷方余额，反映企业已计提但尚未转销的固定资产减值准备。

1604　在建工程　企业的基建、更新改造等在建工程发生的支出。在建工程发生减值的，可以单独设置"在建工程减值准备"科目，比照"固定资产减值准备"科目进行处理。期末借方余额，反映企业尚未达到预定可使用状态的在建工程的成本。

1605　工程物资　企业为在建工程准备的各种物资的成本，包括工程用材料、尚未安装的设备以及为生产准备的工器具等。工程物资发生减值的，可以单独设置"工程物资减值准备"科目，比照"固定资产减值准备"科目进行处理。期末借方余额，反映企业为在建工程准备的各种物资的成本。

1606　固定资产清理　企业因出售、报废、毁损、对外投资、非货币性资产交换、债务重组等原因而转出的固定资产的价值以及在清理过程中发生的费用等。期末借方余额，反映企业尚未清理完毕的固定资产清理净损失。

1701　无形资产　企业持有的无形资产的成本，包括专利权、非专利技术、商标权、著作权、土地使用权等。期末借方余额，反映企业无形资产的成本。

1702　累计摊销　企业对使用寿命有限的无形资产计提的累计摊销。期末贷方余额，反映企业无形资产的累计摊销额。

1703　无形资产减值准备　企业无形资产的减值准备。期末贷方余额，反映企业已计提但尚未转销的无形资产减值准备。

1711　商誉　企业合并中形成的商誉的价值。商誉发生减值的，可以单独设置"商誉减值准备"科目，比照"无形资产减值准备"科目进行处理。期末借方余额，反映企业商誉的价值。

1801　长期待摊费用　企业已经发生但应该由本期和以后各期负担的分摊期限一年以上的各项费用，如以经营租赁方式租入的固定资产发生的改良支出等。期末借方余额，反映企业尚未摊销完毕的长期待摊费用。

1811　递延所得税资产　企业确认的、可抵扣暂时性差异所产生的递延所得税资产。期末借方余额，反映企业确认的递延所得税资产。

1901　待处理财产损溢　企业在清查财产的过程中查明的各种财产盘盈、盘亏、毁损的价值。物资在运输途中发生的非正常短缺与损耗，也通过本科目核算。企业如果有盘盈固定资产的，则应该作为前期差错而计入"以前年度损益调整"科目。本科目在期末结账前处理完毕，无余额。

(二) 负债类

2001　短期借款　企业向银行或者其他金融机构等借入的期限一年以下（含

一年）的各种借款。期末贷方余额，反映企业尚未偿还的短期借款。

2101　交易性金融负债　企业承担的交易性金融负债的公允价值。企业持有的、直接指定为以公允价值计量且其变动计入当期损益的金融负债，也在本科目核算。期末贷方余额，反映企业承担的交易性金融负债的公允价值。

2201　应付票据　企业因购买材料、商品和接受劳务供应等而开出、承兑的商业汇票，包括银行承兑汇票、商业承兑汇票。期末贷方余额，反映企业尚未到期的商业汇票的票面金额。

2202　应付账款　企业因购买材料、商品和接受劳务等经营活动而应该支付的款项。期末贷方余额，反映企业尚未支付的应付账款余额。

2203　预收账款　企业按照合同规定预收的款项。预收账款情况不多的，也可以不设置本科目，将预收的款项直接计入"应收账款"科目。期末贷方余额，反映企业预收的款项；期末借方余额，反映企业尚未转销的款项。

2211　应付职工薪酬　企业根据有关规定应该付给职工的各种薪酬。企业（外商）按规定从净利润中提取的职工奖励及福利基金，也在本科目核算。期末贷方余额，反映企业应付未付的职工薪酬。

2221　应交税费　企业按照税法等规定计算应缴纳的各种税费，包括增值税、营业税、消费税、所得税、资源税、土地增值税、城市维护建设税、房产税、土地使用税、车船使用税、教育费附加、矿产资源补偿费等。企业代扣代交的个人所得税等，也通过本科目核算。期末贷方余额，反映企业尚未缴纳的税费；期末借方余额，反映企业多交或者尚未抵扣的税费。

2231　应付股利　企业分配的现金股利或者利润。期末贷方余额，反映企业应付未付的现金股利或者利润。

2232　应付利息　企业按照合同约定应该支付的利息，包括吸收存款、分期付息到期还本的长期借款、企业债券等应该支付的利息。期末贷方余额，反映企业应付未付的利息。

2241　其他应付款　企业除应付票据、应付账款、预收账款、应付职工薪酬、应付利息、应付股利、应交税费、长期应付款等以外的其他各项应付、暂收的款项。期末贷方余额，反映企业应付未付的其他应付款项。

2314　代理业务负债　企业因不承担风险的代理业务而收到的款项，包括受托投资资金、受托贷款资金等。企业采用收取手续费方式收到的代销商品款，可将本科目改为"2314　受托代销商品款"科目。期末贷方余额，反映企业收到的代理业务资金。

2401　递延收益　企业确认的应该在以后期间计入当期损益的政府补助。期末贷方余额，反映企业应该在以后期间计入当期损益的政府补助。

2501　长期借款　企业向银行或者其他金融机构借入的期限一年以上（不含一年）的各项借款。期末贷方余额，反映企业尚未偿还的长期借款。

2502　应付债券　企业为筹集（长期）资金而发行的债券的本金和利息。企业发行的可转换公司债券，应该将负债和权益成分进行分拆，分拆后形成的负债成分在本科目核算。期末贷方余额，反映企业尚未偿还的长期债券摊余成本。

2701　长期应付款　企业除长期借款和应付债券以外的其他各种长期应付款项，包括应付融资租入固定资产的租赁费、以分期付款方式购入固定资产等发生的应付款项等。期末贷方余额，反映企业应付未付的长期应付款项。

2702　未确认融资费用　企业应当分期计入利息费用的未确认融资费用。期末借方余额，反映企业未确认融资费用的摊余价值。

2711　专项应付款　企业取得政府作为企业所有者投入的具有专项或者特定用途的款项。期末贷方余额，反映企业尚未转销的专项应付款。

2801　预计负债　企业确认的对外提供担保、未决诉讼、产品质量保证、重组义务、亏损性合同等预计负债。期末贷方余额，反映企业已确认但尚未支付的预计负债。

2901　递延所得税负债　企业确认的应纳税暂时性差异产生的所得税负债。期末贷方余额，反映企业已确认的递延所得税负债。

（三）所有者权益类

4001　实收资本　企业接受的投资者投入的实收资本。股份有限公司应该将本科目改为"4001　股本"科目。企业收到的投资者的出资超过其在注册资本或者股本中所占份额的部分，作为资本溢价或者股本溢价，在"资本公积"科目核算。期末贷方余额，反映企业实收资本或者股本的金额。

4002　资本公积　企业收到的投资者的出资额超出其在注册资本或者股本中所占份额的部分。直接计入所有者权益的利得和损失，也通过本科目核算。期末贷方余额，反映企业的资本公积。

4101　盈余公积　企业从净利润中提取的盈余公积。期末贷方余额，反映企业的盈余公积。

4103　本年利润　企业当期实现的净利润（或者发生的净亏损）。年度终了，余额转入"利润分配"科目，无余额。

4104　利润分配　企业利润的分配（或者亏损的弥补）和历年分配（或者弥补）后的余额。年度终了，"利润分配——未分配利润"科目的余额，反映企业的未分配利润（或者未弥补亏损）。

4201　库存股　企业收购、转让或者注销的本公司的股份的金额。期末借方余额，反映企业持有的尚未转让或者注销的本公司的股份的金额。

（四）成本类

5001　生产成本　企业进行工业性生产而发生的各项生产成本，包括生产各种产品（产成品、自制半成品等）、自制材料、自制工具、自制设备等。期末借方余额，反映企业尚未加工完成的在产品的成本。

5101　制造费用　企业生产车间（部门）为生产产品和提供劳务而发生的各项间接费用。企业行政管理部门为组织和管理生产经营活动而发生的管理费用，在"管理费用"科目核算。本科目分配计入有关成本核算对象，期末无余额。

5201　劳务成本　企业对外提供劳务而发生的成本。期末借方余额，反映企业尚未完成或者尚未结转的劳务成本。

5301　研发支出　企业进行研究与开发无形资产过程中发生的各项支出。期末借方余额，反映企业正在进行的无形资产研究开发项目满足资本化条件的支出。

（五）损益类

6001　主营业务收入　企业确认的销售商品、提供劳务等主营业务实现的收入。期末，余额转入"本年利润"，无余额。

6051　其他业务收入　企业确认的、除主营业务活动以外的其他经营活动实现的收入，包括出租固定资产、出租无形资产、出租包装物和商品、销售材料、用材料进行非货币性交换（非货币性资产交换具有商业实质且公允价值能够可靠计量）或者债务重组等实现的收入。期末，余额转入"本年利润"科目，无余额。

6101　公允价值变动损益　企业交易性金融资产、交易性金融负债，以及采用公允价值模式计量的投资性房地产、衍生工具、套期保值业务等的公允价值变动而形成的应计入当期损益的利得或者损失。指定为以公允价值计量且其变动计入当期损益的金融资产或者金融负债的公允价值变动形成的应计入当期损益的利得或者损失，也在本科目核算。期末，余额转入"本年利润"科目，无余额。

6111　投资收益　企业确认的投资收益或者投资损失。期末，余额转入"本年利润"科目，无余额。

6301　营业外收入　企业发生的各项营业外收入，主要包括非流动资产处置利得、非货币性资产交换利得、债务重组利得、政府补助、盘盈利得、捐赠利得等。期末，余额转入"本年利润"科目，无余额。

6401　主营业务成本　企业确认销售商品、提供劳务等主营业务收入时应结转的成本。期末，余额转入"本年利润"科目，无余额。

6402　其他业务成本　企业确认的除主营业务活动以外的其他经营活动所发生的支出，包括销售材料的成本、出租固定资产的折旧额、出租无形资产的摊销额、出租包装物的成本或者摊销额等。除主要业务活动以外的其他经营活动发生的相关税费，在"税金及附加"科目核算。采用成本模式计量投资性房地产的，其投资性房地产计提的折旧额或者摊销额，也通过本科目核算。期末，余额转入"本年利润"科目，无余额。

6403 税金及附加 企业经营活动发生的消费税、城市维护建设税、资源税和教育费附加等相关税费。期末，余额转入"本年利润"科目，无余额。

6601 销售费用 企业销售商品和材料、提供劳务的过程中发生的各种费用，包括保险费、包装费、展览费和广告费、商品维修费、预计产品质量保证损失、运输费、装卸费等以及为销售本企业商品而专设的销售机构（含销售网点、售后服务网点等）的职工薪酬、业务费、折旧费等经营费用。企业发生的与专设销售机构相关的固定资产修理费用的后续支出，也在本科目核算。期末，余额转入"本年利润"科目，无余额。

6602 管理费用 企业为组织和管理企业生产经营所发生的管理费用，包括企业在筹建期间内发生的开办费、董事会和行政管理部门在企业的经营管理中发生的或者应该由企业统一负担的公司经费（包括行政管理部门职工工资及福利费、物料消耗、低值易耗品摊销、办公费和差旅费等）、工会经费、董事会费（包括董事会成员津贴、会议费和差旅费等）、聘请中介机构费、咨询费（含顾问费）、诉讼费、业务招待费、技术转让费、矿产资源补偿费、研究费用、排污费等。企业（商品流通）管理费用不多的，可以不设置本科目，本科目的核算内容可以并入"销售费用"科目核算。企业生产车间（部门）和行政管理部门等发生的固定资产修理费用等后续支出，也在本科目核算。期末，余额转入"本年利润"科目，无余额。

6603 财务费用 企业为筹集生产经营所需资金等而发生的筹资费用，包括利息支出（减利息收入）、汇兑损益以及相关的手续费、企业发生的现金折扣或者收到的现金折扣等。为购建或者生产满足资本化条件的资产而发生的应予资本化的借款费用，在"在建工程""制造费用"等科目核算。期末，余额转入"本年利润"科目，无余额。

说明：因共同类涉及的业务较复杂，

6701 资产减值损失 企业因计提各项资产减值准备所形成的损失。期末，余额转入"本年利润"科目，无余额。

6711 营业外支出 企业发生的各项营业外支出，包括非流动资产处置损失、非货币性资产交换损失、债务重组损失、公益性捐赠支出、非常损失、盘亏损失等。期末，余额转入"本年利润"科目，无余额。

6801 所得税费用 企业确认的应该从当期利润总额中扣除的所得税费用。期末，余额转入"本年利润"科目，无余额。

6901 以前年度损益调整 企业本年度发生的调整以前年度损益的事项以及本年度发现的重要前期差错更正涉及调整以前年度损益的事项。期末，余额转入"本年利润"科目，无余额。

第三节　会计等式

　　会计等式又称会计方程式、会计平衡公式、会计恒等式，是在会计核算中利用数学公式来反映各个会计要素经济关系数量方面的数学表达式。它是各会计主体设置账户进行复式记账和编制会计报表的理论依据。

　　企业从事生产经营活动，必须有一定数量的经济资源作基础。资源的所有者将现款或者实物等投入企业供其运营，企业在经营中加以运用，形成以企业名义所持有的各种资产，如房屋建筑物、机器设备、材料、货币资金等。但所有者的投入不是无偿的，而是对所提供的资产有着相对应的要求（会计上称为权益），有多少资产，就有多少权益，而且在客观上也必然有着相等的关系。即从数量上看，有一定数额的资产必然有一定数额的权益；反之，有一定数额的权益也必定有一定数额的资产。也就是说，资产与权益在任何一个时点都必然保持恒等的关系，这种恒等的关系用公式表示为

$$资产 = 权益$$

　　企业的资产来源于投资者的投入资本和债权人的借入资金及其在生产经营中产生的效益，故分别归属于投资者和债权人。其中，归属于投资者的部分形成所有者权益，归属于债权人的部分形成债权人权益（即企业的负债）。由于权益是由债权人权益（负债）和所有者权益两部分构成，因此会计等式可以进一步表示为

$$资产 = 负债（债权人权益）+ 所有者权益$$

　　以上等式能直接反映资金运动三个静态要素之间的联系和企业在某一时点的财务状况，因而资产、负债及所有者权益也是构成资产负债表的三个基本要素。由于该等式是会计等式中最通用和最一般的形式，所以通常也称为会计基本等式。

　　会计日常核算除了反映企业拥有的经济资源及对该资源的求偿权外，还需要反映企业在一定时期的收入、费用、利得和损失以及它们相抵的结果（即"利润"，反映企业一定时期的经营成果）。这又构成另一会计等式，即

　　收入 – 费用 + 直接计入当期损益的利得 – 直接计入当期损益的损失 = 利润

　　收入、费用、利润构成利润表要素，是编制利润表的基础。

　　实际上，等式"资产 = 负债 + 所有者权益"知识反映某一时点企业的财务状况。随着企业经济活动的进项，企业一方面取得了收入，并因此而增加了资产或减少了负债，最终增加所有者权益；另一方面要发生各种各样的费用，并因此减少资产或增加负债，最终减少所有者权益。所以在结转损益之前，会计等式就转化为

　　　　　资产 = 负债 + 所有者权益 +（收入 - 费用 + 直接计入当期损益的利得 -
　　　直接计入当期损益的损失）

　　等式"资产 = 负债 + 所有者权益 +（收入 - 费用 + 直接计入当期损益的利得 - 直接计入当期损益的损失）"又称为会计扩展等式。到了会计期末，企业将收入、费用、利得与损失进行配比，计算出利润（盈利或亏损），并按规定的程序进行分配，剩余部分分别列入所有者权益。这样，会计等式又恢复为

　　　　　　　　　　资产 = 负债 + 所有者权益

　　因此，将收入、费用两个要素列入会计等式，可以将资产负债表和利润表联系起来，从而揭示资产负债表要素和利润表要素各自内部及相互之间的内在联系和数量关系。

　　每一项经济业务的发生都必然会引起会计等式的一方或双方有关项目相互联系的等量的变化，即当涉及会计等式的一方时，有关项目的数额发生相反方向的等额变动；而当涉及会计等式的两方时，有关项目的数额必然会发生相同方向的等额变动，但始终不会打破会计等式的平衡关系。

第四节　复式记账

　　为了对会计要素进行核算和监督，在按一定原则设置了会计科目后，就需要用一定的记账方法将会计要素的增减变动登记在会计科目中。所谓记账方法，就是指会计科目中记录经济交易与事项的具体手段及方式。运用记账方法对会计科目进行登记的过程，就是将对经济交易与事项进行会计确认和计量的结果在相关科目中进行记录或登记的过程。记账方法按登记经济交易事项方式的不同，可划分为单式记账法与复式记账法两种。本书重点介绍复式记账法。

一、复式记账法

　　复式记账法是以会计等式资产与权益平衡关系作为记账基础，对于每一项经济业务，都要以相等的金额在两个或两个以上相互联系的会计科目中进行记录，系统地反映每一项经济交易或事项所引起的会计要素的增减变化及其结果的一种记账方法。

　　【例1-2-1】　甲企业获得所有者红星公司追加投入资本100 000元，存入开户银行。对于这笔交易，企业必须同时在"银行存款"和"实收资本"两个科目中做出金额增加均为100 000元的记录。

　　【例1-2-2】　甲企业于2018年1月12日从银行提取现金2 000元。对于这笔交易，企业既需要在"银行存款"科目中登记银行存款金额减少2 000元，又需要在"库存现金"科目中登记库存现金增加2 000元。

　　在会计等式中，如果其中一项发生变动，另一项或几项也会随之发生相应的

增减变动。因此，对所有发生的经济交易或事项，必须以相等的金额，同时在两个或两个以上相互联系的会计科目中进行记录。

由此可见，复式记账法是对全部经济交易与实训进行完整且相互联系的记录的一种记账方法。目前，世界上普遍采用的复式记账法是借贷记账法。

二、借贷记账法

借贷记账法是指以"借"和"贷"为记账符号的一种复式记账方法。借贷记账法是建立在"资产＝负债＋所有者权益"这一会计等式的基础上，以"有借必有贷，借贷必相等"作为记账规则，反映会计要素的增减变动情况的一种复式记账方法。

（一）借贷记账法的记账符号

借贷记账法以"借""贷"为记账符号，并分别作为账户的左方（称为"借方"）和右方（称为"贷方"），依此来分别反映某类经济业务事项所引起的企业资金的增加或减少。采用借贷记账法，所有科目的借方和贷方按相反方向记录，即一方登记增加额，另一方登记减少额。至于"借"表示增加还是"贷"表示增加，则是由会计科目所反映的经济内容及会计科目的性质决定的。

注意："借""贷"不表示任何经济意义，单纯就是借贷记账方向的符号。

拓展知识

小知识——账户

账户是根据会计科目设置的，具有一定格式和结构，用于分类反映资产、负债、所有者权益、收入、费用、利润增减变动情况及其结果的载体。会计科目是账户的名称，账户是会计科目的具体应用。两者之间的区别在于账户具有一定的格式和结构，用于反映会计要素增减变动情况及其结果。在实际工作中，对会计科目和账户不加严格区分，而是相互通用。

（二）资产类会计科目的结构

会计科目按其性质来说，既有反映资产的会计科目，又有反映负债、所有者权益的会计科目，还有反映成本、损益的会计科目。我们从会计等式中知道资产与权益是同一事物的两个不同方面，两者总额始终保持相等的平衡关系。因此，在这两方面的会计科目中，应当用相反的方向来登记它们的增加数。同样，也需要在这两个方面的会计科目中用相反的方向来登记它们的减少数。

1. 资产类会计科目的结构

对于资产类会计科目，其会计科目的借方登记资产的增加额，会计科目的贷方登记资产的减少额。在一个会计期间内（月、季、年），借方登记的金额合计成为本期借方（月、季、年）发生额，贷方登记的金额合计为本期贷方（月、季、年）发生额，并与其期初余额进行比较，计算出期末余额。由于资产的增加额在借方登记，它的减少额不可能大于它的期初余额与本期增加发生额之和，所以，资产类会计科目期末如有余额，则应该在借方。资产类会计科目的内部关系（也是计算其期末余额的公式）为：

资产类会计科目期末余额 = 期初余额 + 本期借方发生额 – 本期贷方发生额

资产类会计科目的结构如图 1 – 2 – 2 所示。

借方	资产类	贷方
期初余额 本期增加发生额		本期减少发生额
本期借方发生额合计		本期贷方发生额合计
期末余额		

图 1 – 2 – 2　资产类会计科目的结构

2. 负债及所有者权益类会计科目的结构

"资产 = 负债 + 所有者权益"这一会计等式，决定了负债及所有者权益类会计科目的结构与资产类会计科目的结构正好相反，其贷方登记负债及所有者权益的增加发生额，借方登记负债及所有者权益的减少发生额。同样，负债及所有者权益的余额，一般应为贷方余额。负债及所有者权益类会计科目的内部关系如下（也是计算其期末余额的公式）：

负债及所有者权益类会计科目期末余额 = 期初余额 + 本期贷方发生额 – 本期借方发生额

负债及所有者权益类会计科目的结构如图 1 – 2 – 3 所示。

借方	负债及所有者权益类	贷方
本期减少发生额		期初余额 本期增加发生额
本期借方发生额合计		本期贷方发生额合计
		期末余额

1 – 2 – 3　负债及所有者权益类会计科目的结构

3. 成本类会计科目的结构

如前所述，企业在一定时期内为生产一定种类、一定数量的产品所支出的各种费用的总和，就是这些产品的成本。企业生产的产品，是企业资产的一种存在形态，也就是说，属于资产范畴。但对企业来说，生产成本的高低，会影响企业的盈利能力，因此单独考虑生产成本非常必要。为适应管理要求，在进行会计科目设置时，单独设置了成本类会计科目。由此可见，成本类会计科目的结构与资产类会计科目的结构一致，其内部关系也相同。即成本类会计科目的借方登记成本的增加发生额。贷方登记成本的减少发生额。期末若有余额，则应在借方。

成本类会计科目的结构如图 1-2-4 所示。

借方	成本类	贷方
期初余额 本期增加发生额		本期减少发生额
本期借方发生额合计		本期贷方发生额合计
期末余额		

图 1-2-4　成本类会计科目的结构

4. 损益类会计科目的结构

损益类会计科目包括收入类会计科目和费用类会计科目。收入的取得和费用的发生，最终会导致使用者权益发生变化。收入的增加是所有者权益增加的因素，费用的增加是所有者权益减少的因素。这就决定了收入类会计科目的结构与所有者权益类会计科目的结构基本相同，费用类会计科目的结构与所有者权益类会计科目的结构相反，即与资产类会计科目的结构类似。损益类会计科目是为了计算损益而开设的，因而，会计期末应将收入、费用全额转出，计算利润。收入、费用转出后，损益类会计科目的期末一般没有余额。

（1）收入类会计科目的结构。收入类会计科目的贷方登记收入的增加发生额，借方登记收入的减少发生额和转销额，由于贷方登记的收入增加发生额在会计期末一般都要通过借方转出，用以计算经营成果，所以，收入类会计科目期末通常没有余额。收入类会计科目的结构如图 1-2-5 所示。

借方	收入类	贷方
本期减少发生额和转销额		本期增加发生额
本期借方发生额合计		本期贷方发生额合计

图 1-2-5　收入类会计科目的结构

（2）费用类会计科目的结构。费用类会计科目的借方登记费用的增加发生额，贷方登记费用的减少发生额和转销额。由于借方登记的费用增加发生额在会计期末一般都要通过贷方转出，用以计算经营成果，所以，费用类会计科目期末通常没有余额。费用类会计科目的结构如图 1-2-6 所示。

借方	费用类	贷方
本期增加发生额		本期减少发生额和转销额
本期借方发生额合计		本期贷方发生额合计

图 1-2-6 费用类会计科目的结构

三、借贷记账法的记账规则

所谓记账规则，就是指记录经济交易或事项时所应遵循的规则。运用借贷记账法登记经济交易或事项时，首先要根据经济交易或事项的内容，确定它所涉及的会计要素以及这些会计要素是增加还是减少；然后确定经济交易或者事项所涉及的会计科目；最后确定应计入的会计科目（借方或贷方）及其对应的金额。借贷记账法的记账规则是"有借必有贷，借贷必相等"，即对于每一项经济业务，都要在两个或两个以上相互联系的会计科目中以借方金额和贷方金额相等为基础进行登记。具体来说，就是指对于每一项经济业务事项，如果在一个会计科目中登记了借方，则必须同时在另一个或几个会计科目中登记贷方；或者反过来，在一个会计科目中登记了贷方，就必须在另一个或几个会计科目中登记借方。并且，登记在借方和贷方的金额总额必须相等。

运用借贷记账法的记账规则登记经济业务时，一般按以下步骤进行：

首先，分析经济业务所涉及的会计科目名称，并判断会计科目的性质；其次，判断会计科目所涉及的资金数量是增加还是减少；最后，根据会计科目的结构确定计入会计科目的方向。下面举例说明借贷记账法的记账规则。

【例 1-2-3】 恒军公司 2018 年 4 月份发生以下经济业务：

（1）4 月 5 日恒军公司获得晓秋伊人贸易公司追加投资 80 000 元，存入开户银行。

该经济业务属于资产和所有者权益同时增加的类型，这项业务使恒军公司的资产类会计科目"银行存款"科目增加 80 000 元，同时使所有者权益类会计科目"实收资本"科目增加 80 000 元，会计等式两边的金额同时增加。"银行存款"科目属于资产类会计科目，增加计入借方。"实收资本"科目属于所有者权益类，增加计入贷方。

（2）4 月 10 日恒军公司向供应单位购入原材料一批，价值 40 000 元，货款暂欠，材料已验收入库。

该经济业务属于资产和负债同时增加，这项经济业务的发生，使恒军公司的"原材料"科目增加 40 000 元，同时"应收账款"科目增加 40 000 元。"原材料"科目属于资产类会计科目，增加计入借方。"应付账款"科目属于负债类科目，增加计入贷方。

(3) 4月20日恒军公司以银行存款支付购买原材料时的所欠款项40 000元。

经济业务属于资产和负债同时减少。这项业务使恒军公司的资产类科目"银行存款"科目减少40 000元,应计入该会计科目的贷方,同时使负债类会计科目"应付账款"科目减少40 000元,应计入该会计科目的借方。

(4) 按法定程序减少注册资本100 000元,用银行存款向所有者支付。

该经济业务属于资产和所有者权益同时减少的经济业务。涉及资产类会计科目中的"银行存款"科目和所有者权益类会计科目中的"实收资本"科目各减少100 000元。根据资产和所有者权益的会计科目结构原理,资产的减少登记在贷方,所有者权益的减少登记在借方。因此,该经济业务事项的处理是:同时以相同的100 000元分别登记"银行存款"科目的贷方和"实收资本"科目的借方。

(5) 4月25日恒军公司用银行存款(90 000元)购入生产设备一台。

该经济业务属于一项资产增加,另一项资产减少的经济业务。这项经济业务使恒军公司的"固定资产"科目增加了90 000元,同时造成"银行存款"科目减少90 000元。两者都属于资产类会计科目,应计入"固定资产"科目的借方和"银行存款"科目的贷方。

(6) 4月27日以前购货所欠的应付账款60 000元到期,但公司暂无款支付,向银行借入短期借款60 000元用于归还所欠货款。

该经济业务属于一项负债增加,另一项负债减少的经济业务。其中,"短期借款"科目增加计入贷方,"应付账款"科目减少计入借方,仍然是"有借必有贷,借贷必相等"。

(7) 决定以盈余公积80 000元向所有者分配利润。

该经济业务属于一项负债增加,另一项所有者权益减少的经济业务。该经济业务的发生,引起所有者权益减少80 000元,负债增加80 000元。涉及负债类会计科目中的"应付股利"科目和所有者权益类科目中的"盈余公积"科目。其中,"应付股利"科目增加80 000元,"盈余公积"科目减少80 000元。该经济业务应以80 000元相等的金额分别计入"应付股利"科目的贷方和"盈余公积"科目的借方。

(8) 经批准,将企业原发行的20 000元应付债务转为实收资本。

此经济业务的发生引起的是负债和所有者权益变动,属于一项负债减少,另一项所有者权益增加的业务。涉及负债类会计科目中的"应付债券"科目和所有者权益中的"实收资本"科目。其中,"应付债券"科目减少20 000元,"实收资本"科目增加20 000元。因此,该经济业务的处理应是:以相等的金额(20 000元)分别登记"应付债券"科目的借方和"实收资本"科目的贷方。

(9) 经批准企业用盈余公积 70 000 元转增资本。

此经济业务的发生引起的是所有者权益内部项目的变动，属于一项所有者权益减少，另一项所有者权益增加的业务。涉及所有者权益类会计科目中的"盈余公积"科目和"实收资本"科目。其中，"盈余公积"科目减少 70 000 元，"实收资本"科目增加 70 000 元。因此，该经济业务的处理是：以相同的金额（70 000 元）计入"盈余公积"科目的借方和"实收资本"科目的贷方。

从上述例子可以看出，在借贷记账法下，无论何种类型的经济业务，其处理都是"有借必有贷，借贷必相等"。在上述列举的每一项经济业务中，所涉及的会计科目只有一个借方会计科目和一个贷方会计科目，但实际的经济业务远比这复杂，有可能同时涉及一个会计科目的借方和几个会计科目的贷方，或者是一个会计科目的贷方和几个会计科目的借方，或者是多个会计科目的借方和多个会计科目的贷方。无论一项经济业务有多么复杂，在借贷记账法下，都遵循同样的"有借必有贷，借贷必相等"记账规则。当一项经济业务涉及一个会计科目的借方和几个会计科目的贷方时，就应该使该借方会计科目的金额等于该贷方的几个会计科目的金额之和，使借贷两方的金额相等。反过来，一项经济业务涉及一个会计科目的贷方和几个会计科目的借方时，也应该使贷方会计科目的金额与借方的几个会计科目的金额之和相等。

四、会计分录

企业日常要发生大量的经济业务，如果按照经济业务逐笔计入会计科目，那么不仅工作量大，而且也易发生差错，进而影响企业所提供的会计信息的正确性。因此，在实际工作中，为了保证会计科目记录的正确性和便于事后检查，在把经济业务计入会计科目之前，要采用一种专门的方法来确定各项经济业务正确的会计科目对应关系，即确定经济业务所涉及的会计科目及其借贷方向和金额。这种方法就是编制会计分录。

（1）会计分录的定义。所谓会计分录，是指对某项经济业务事项标明其应借会计科目、应贷会计科目及其金额的记录，简称"分录"。会计分录的书写格式通常是"借"在上，"贷"在下，每一会计科目占一行，"借""贷"前后错位表示。

在会计实际工作中，会计分录是根据记载各项经济业务的原始凭证，在具有一定格式的记账凭证中编制的。编制会计分录是会计工作的初始阶段。会计分录是记账的直接依据，会计分录错了，必然影响整个会计记录的正确性。所以，会计分录必须如实地反映经济业务的内容，正确确定应借会计科目、应贷会计科目及金额。

会计分录应包括以下内容：
① 一组对应的记账符号：借方和贷方。

②涉及两个或两个以上的会计科目名称。
③借、贷双方的相等金额。

（2）会计分录的分类。会计分录按其所涉及会计科目的数量多少，分为简单会计分录和复合会计分录。

简单会计分录是指只涉及一个科目借方和另一个科目贷方的会计分录，即一借一贷的会计分录。这种会计分录，其科目对应关系一目了然。

如【例1-2-3】中的第一项经济业务对应的会计分录为：

借：银行存款　　　　　　　　　　　　　　　　　　　　80 000
　　贷：实收资本　　　　　　　　　　　　　　　　　　　80 000

复合会计分录是指经济业务发生以后，需在三个或三个以上对应科目中记录其相互金额变化情况的会计分录。编制复合会计分录，既可以集中反映某项经济业务的全面情况，又可以简化记账工作，提高会计工作效率。复合会计分录可为"一借多贷"或"一贷多借"，如果一项经济业务涉及多贷的科目，那么为全面反映此项经济业务，也可以编制"多借多贷"的复合会计分录。

【例1-2-4】　华源公司购入原材料一批，价格50 000元，以银行存款支付30 000元，余额尚未支付，材料已验收入库。

对应的会计分录为：

借：原材料　　　　　　　　　　　　　　　　　　　　　50 000
　　贷：银行存款　　　　　　　　　　　　　　　　　　　30 000
　　　　应付账款　　　　　　　　　　　　　　　　　　　20 000

这便是一个复合会计分录，它是由一个借方科目与两个以上贷方科目相对应组成的。复合会计分录实际上是由几个简单会计分录合并组成的，因而必要时可将其分解为若干个简单会计分录。如【例1-2-4】中的复合会计分录可分解为以下两个简单会计分录：

①借：原材料　　　　　　　　　　　　　　　　　　　　30 000
　　　贷：银行存款　　　　　　　　　　　　　　　　　　30 000
②借：原材料　　　　　　　　　　　　　　　　　　　　20 000
　　　贷：应付账款　　　　　　　　　　　　　　　　　　20 000

（3）会计分录的编制步骤。一般地，会计分录的编制步骤为：

①分析经济业务事项涉及的是资产（成本、费用）还是权益（收入）。

②根据经济业务引起的会计要素的增减变化，确定涉及哪些会计科目，是增加还是减少。

③根据会计科目的性质和会计科目结构，确定计入哪个（或哪些）会计科目的借方、哪个（或哪些）会计科目的贷方。

④根据借贷记账法的记账规则，确定应借应贷会计科目是否正确，借贷方金额是否相等。

> 拓展知识

会计记账的发展史

在我国，会计记账方法经历了从原始记录计量，到单式记账法，再到后来的初创时期的复式记账法等一系列的演变，再加上西方文化的引进，最终形成了现在通用的复式记账法。

一、原始记录计量

原始记录计量行为是会计的萌芽状态，也是会计最早的存在形态，它是现代会计的原始状态。可以说，后来发展出来的所有会计记账方法都是由它演变过来的。随着原始社会形态的改变、私有财产的出现等，人们开始以实物记事（计数）、绘画记事（计数）、结绳记事（计数）、刻契记事（计数）等方式来表现经济活动及其所反映的数量关系。可以说，由实物记事（计数）、绘画记事（计数）、结绳记事（计数）、刻契记事（计数）等方式体现的原始记录计量行为是当时社会时期的"会计"行为。

二、单式记账法

我国最早出现的单式记账法并不是我们所知道的这种以"入、出"为会计记录符号的单式记账方式，而是用文字记述的单式记账。

最早的会计记事出现在商朝的甲骨文上，而"会计"一词出现于西周时期。西周国家时期，设立"司会"一职对财务收支活动进行"月计岁会"，通过日积月累的零星核算和总核算，达到正确考核王朝财政经济收支的目的。此外还设立了掌管会计账簿的司书；而财务收入账户和财务支出账户分别由职内、职岁管理；财务结余工作则由职币这一职位的人员进行管理。从而实现了四职分理会计业务的早期财务管理人员，并建立了定期会计报表制度、专仓出纳制度、财物稽核制度等早期会计律法。可以说，在西周以后我国就有了初期的会计工作组织系统，并形成了以文字叙述方式来记账的"单式记账法"。

到了秦汉时期，在记账方法上，又发展出另一种形式的"单式记账法"，就是以"入、出"为会计记录符号的会计记录方法。它以"入－出＝余"作为结算的基本公式，也叫作"三柱结算法"，或者称为"入出（或收付）记账法"。

随着历史的演变以及社会形态、经济状态的发展，陆续出现了可视为会计报告原始形态的"上计簿"以及南北朝时期出现的以红记出、以墨记入的"朱出墨入记账法"。发展到唐宋时期，经济十分的繁荣、活跃，原来的记账方法不再适应当时的社会发展需求。渐渐创立了把一定时期内的财物收付记录，通过"旧管+新收=开除+实在"这一平衡公式加以总结的"四柱结算法"。该法既可检查日常记录的正确性，又可分类汇总日常会计记录，使之起到系统、全面和综合的反映作用；这不仅成为我国传统的中式记账法（中式簿记）的一个特色，而且在世界范围内也一直沿用下来，具有跨时代的意义。

三、复式记账法

到了明末清初之际，山西人傅山根根据"四柱结算法"原理设计出一种适合于民间商业的会计核算方法——"龙门账法"。它是将全部账目划分为进、缴、存、该四大类。四者的关系是：该+进=存+缴，或进－缴=存－该。也就是说，结账时"进"大于"缴"或"存"大于"该"即为赢利。这种既能计算盈亏，又可以检查账目平衡关系的会计方法被称为"合龙门"，"龙门账"因此而得名。它的诞生标志着中式簿记由单式记账向复式记账转变。

复式记账真正得到发展并有突破是在清代，即在"龙门帐"的基础上设计发明了"四脚账法"。它是一种比较成熟的复式记账方法，其特点是：注重经济业务的收方（即来方）和付方（即去方）的账务处理，不论现金收付事项还是非现金收付事项（转账事项），都在账簿上记录两笔（既记入"来账"，又记入"去账"），而且来账和去账所记金额必须相等，否则说明账务处理有误。这种记账法的基本原理已与西式复式记账法相同。

随着现代化生产的迅速发展，经济管理水平的提高，电子计算机技术被广泛应用于会计核算，受政治、经济和技术环境的影响，传统的财务会计不断充实和完善，财务会计核算工作更加标准化、通用化和规范化。再加上西方会计文化等的不断引入，使会计信息的搜集、分类、处理、反馈等操作程序摆脱了传统的手工操作，大大地提高了工作效率，实现了会计的根本变革，也就形成了我们现在普遍使用的复式记账法。复式记账法的理论依据是会计基本等式。其中，借贷记账法是一种最杂、当今运用最广泛的复式记账法，也是目前我国法定的记账方法。

综上所述，我国的会计记账从简单到复杂，从原先的原始计量到如今的借贷记账法，已逐渐形成了一套能够满足我国现代经济发展需求的会计系统。这使得财务管理更加全面、系统，有利于增加企、事业单位的经济活动的效率。

第五节　会计凭证

一、会计凭证的概念和种类

会计凭证是记录经济业务、明确经济责任、按一定格式编制的、据以登记会计账簿的书面证明。所记录经济业务的合法性与合理性保证了会计记录的真实性，加强了经济责任制。任何单位，每发生一项经济业务（如现金的支付、物资的进出、往来款项的结算等），其经办人员必须按照规定的程序和要求，认真填制会计凭证、记录经济业务发生或完成的日期、经济业务的内容，并在会计凭证上签名或盖章，有的凭证还需要加盖公章，以对会计凭证的真实性和正确性负责。一切会计凭证都必须经过有关人员的严格审核，只有经过审核无误的会计凭证才能作为登记账簿的依据。

会计凭证在经济管理中的作用，主要有以下三个方面：

第一，可以及时、正确地反映每一项经济业务的完成情况。

第二，发挥会计监督作用。

第三，可以明确经济责任，加强岗位责任制。

此外，会计凭证按其编制程序和用途不同，可分为原始凭证和记账凭证。

二、原始凭证

原始凭证又称单据，是在经济业务最初发生之时就填制的原始书面证明（如销货发票、款项收据等），是记录经济业务已经发生、执行或完成，用以明确经济责任，作为记账依据的最初的书面证明文件。例如，出差乘坐的车船票、采购材料的发货票、到仓库领料的领料单等，都是原始凭证。原始凭证是在经济业务发生的过程中直接产生的，是经济业务发生的最初证明，在法律上具有证明效力，所以也可叫"证明凭证"。

原始凭证按取得的来源不同，可以分为自制原始凭证和外来原始凭证两类。

1. 自制原始凭证

自制原始凭证是指在经济业务发生、执行或完成时，由本单位的经办人员自行填制的、仅供内部使用的原始凭证，如收料单、领料单、产品入库单等。自制原始凭证按其填制手续不同，又可分为一次凭证、累计凭证、汇总原始凭证和记账编制凭证四种。

（1）一次凭证是指只反映一项经济业务，或者同时反映若干项同类性质的经济业务，其填制手续是一次完成的会计凭证。例如，企业购进材料验收入库，由仓库保管员填制的"收料单"；车间或班组向仓库领用材料时填制的"领料单"（图1-2-7）以及报销人员填制的、出纳人员据以付款的"报销凭单"等，都是一次凭证。

（2）累计凭证是指在一定期间内，连续多次记载若干不断重复发生的同类经济业务，直到期末，凭证填制手续才算完成，以期末累计数作为记账依据的原始凭证，如工业企业常用的"限额领料单"（图1-2-8）等。使用累计凭证可以简化核算手续；能对材料消耗、成本管理起事先控制作用，是企业进行计划管理的手段之一。

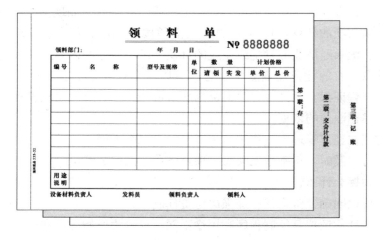

图1-2-7 领料单

图1-2-8 限额领料单

（3）汇总原始凭证是指在会计核算工作中，为简化记账凭证的编制工作，将一定时期内若干份记录同类经济业务的原始凭证按照一定的管理要求汇总并编制成一张汇总凭证，用以集中反映某项经济业务总括发生情况的会计凭证，如发料凭证汇总表（图1-2-9）、收料凭证汇总表、现金收入汇总表等都是汇总原始凭证。汇总原始凭证只能将同类内容的经济业务汇总填列在一张汇总凭证中。在一张汇总凭证中，不能将两类或两类以上的经济业务汇总填列。汇总原始凭证在大中型企业中使用非常广泛，因为它可以简化核算手续，提高核算工作效率；能够使核算资料更为系统化，使核算过程更为条理化；能够直接为管理提供某些综合指标。

（4）记账编制凭证是根据账簿记录和经济业务的需要编制的一种自制原始凭证。记账编制凭证是根据账簿记录，把某一项经济业务加以归类、整理而重新编制的一种会计凭证。例如，在计算产品成本时，编制的"制造费用分配表"就是根据制造费用明细账记录的数字按费用的用途填制的。

发料凭证汇总表

年　　月份

用途	材料类别				合计
	原料及主要材料	辅助材料	燃料	低值易耗品	
产品生产 A					
产品生产 B					
车间一般耗用					
销售					
管理部门一般耗用					
合计					

复核：　　　　　　　　编制：

图 1-2-9　发料凭证汇总表

2. 外来原始凭证

外来原始凭证是指在同外单位发生经济往来关系时，从外单位取得的凭证。外来原始凭证都是一次凭证。例如，企业在购买材料、商品时，从供货单位取得的增值税专用发票，如图 1-2-10 所示。

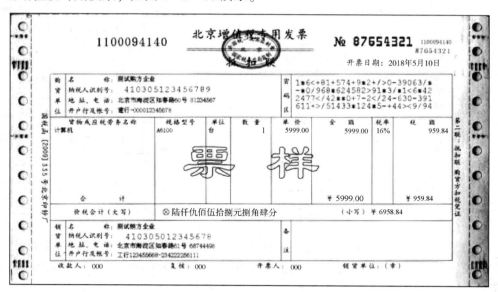

图 1-2-10　北京增值税专用发票

（三）记账凭证

记账凭证是会计人员根据审核无误的原始凭证或汇总原始凭证，是为了确定经济业务应借、应贷的会计科目和金额而填制的，作为登记账簿直接依据的会计凭证。它是登记账簿的直接依据，常用的记账凭证有收款凭证、付款凭证、转账凭证等。在前面的章节中曾指出,在登记账簿之前,应按实际发生的经济业务的内容编制会计分录,然后据以登记账簿。在实际工作中,会计分录是通过填制记账凭证来完成的。

记账凭证包括凭证名称、编制凭证的日期及编号、接受凭证单位的名称、经济业务的数量和金额、填制凭证单位的名称和有关人员的签章等。

记账凭证按其适用的经济业务,分为专用记账凭证和通用记账凭证两类。

1. 专用记账凭证

专用记账凭证是专门用来记录某一类经济业务的记账凭证。专用记账凭证按其所记录的经济业务与现金和银行存款的收付有无关系,又分为收款凭证、付款凭证和转账凭证三种。

(1) 收款凭证。收款凭证是用来记录现金和银行存款等货币资金收款业务的凭证,它是根据现金和银行存款收款业务的原始凭证填制的,如图 1-2-11 所示。

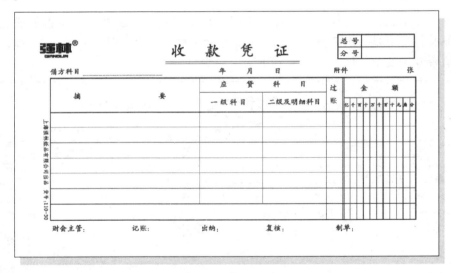

图 1-2-11　收款凭证

(2) 付款凭证。付款凭证是用来记录现金和银行存款等货币资金付款业务的凭证,它是根据现金和银行存款付款业务的原始凭证填制的,如图 1-2-12 所示。

收款凭证和付款凭证是用来记录货币收付业务的凭证,其既是登记现金日记账、银行存款日记账、明细分类账及总分类账等账簿的依据,也是出纳人员收、付款项的依据。出纳人员不能依据现金、银行存款收付业务的原始凭证收付款项,必须根据会计主管人员或指定人员审核批准的收款凭证和付款凭证收付款项,以加强对货币资金的管理,有效地监督货币资金的使用。

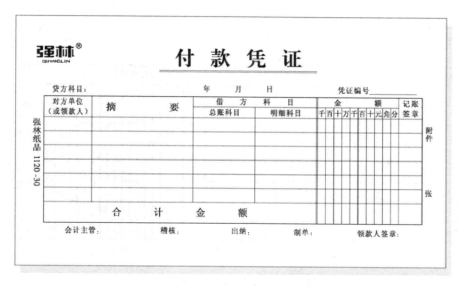

图 1-2-12　付款凭证

（3）转账凭证。转账凭证是用来记录与现金、银行存款等货币资金收付款业务无关的转账业务（即在经济业务发生时不需要收付现金和银行存款的各项业务）的凭证，它是根据有关转账业务的原始凭证填制的，如图1-2-13所示。转账凭证是登记总分类账及有关明细分类账的依据。

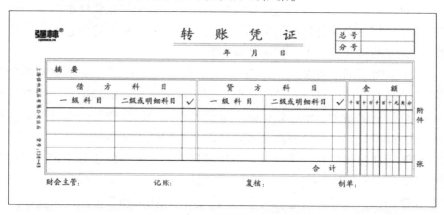

图 1-2-13　转账凭证

2. 通用记账凭证

通用记账凭证的格式不再分为收款凭证、付款凭证和转账凭证，而是以一种格式记录全部经济业务，如图1-2-14所示。

在经济业务比较简单的经济单位，为了简化凭证可以使用通用记账凭证来记录发生的各种经济业务。

记账凭证按其包括的会计科目是否单一，分为复式记账凭证和单式记账凭证

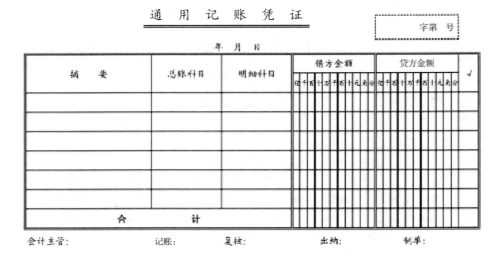

图1-2-14 通用记账凭证

两类。

(1) 复式记账凭证。复式记账凭证又叫多科目记账凭证,要求将某项经济业务所涉及的全部会计科目集中填列在一张记账凭证上。复式记账凭证可以集中反映账户的对应关系,因而便于了解经济业务的全貌,了解资金的来龙去脉,便于查账。同时,其可以减少填制记账凭证的工作量,减少记账凭证的数量;但是不便于汇总计算每一会计科目的发生额,不便于分工记账。上述收款凭证、付款凭证和转账凭证的格式都是复式记账凭证的格式。

(2) 单式记账凭证。单式记账凭证又叫单科目记账凭证,要求将某项经济业务所涉及的每个会计科目分别填制记账凭证,每张记账凭证只填列一个会计科目,其对方科目只供参考,不据以记账。也就是把某项经济业务的会计分录,按其所涉及的会计科目,分散填制两张或两张以上的记账凭证。

单式记账凭证便于汇总计算每一个会计科目的发生额,便于分工记账;但是填制记账凭证的工作量大,而且出现差错时不易查找。

记账凭证按其是否经过汇总,可以分为汇总记账凭证和非汇总记账凭证。

1. 汇总记账凭证

汇总记账凭证是根据非汇总记账凭证按一定的方法汇总填制的记账凭证。汇总记账凭证按汇总方法不同,可分为分类汇总凭证和全部汇凭证两种。

(1) 分类汇总凭证。分类汇总凭证是根据一定期间的记账凭证,按其种类分别汇总填制的,如根据收款凭证汇总填制的"现金汇总收款凭证""现金汇总付款凭证""银行存款汇总付款凭证"以及根据转账凭证汇总填制的"汇总转账凭证"都是分类汇总凭证。

（2）全部汇总凭证。全部汇总凭证是根据一定期间的记账凭证全部汇总填制的，如"科目汇总图表"就是全部汇总凭证。

2. 非汇总记账凭证

非汇总记账凭证是没有经过汇总的记账凭证，前面介绍的收款凭证、付款凭证和转账凭证以及通用记账凭证都是非汇总记账凭证。

原始凭证与记账凭证之间存在着密切的联系。原始凭证是记账凭证的基础，记账凭证是根据原始凭证编制的。在实际工作中，原始凭证附在记账凭证后面，作为记账凭证的附件；记账凭证是对原始凭证内容的概括和说明；原始凭证有时是登记明细分类账户的依据。

记账凭证和原始凭证同属于会计凭证，但二者存在以下差别：

（1）原始凭证是由经办人员自己或委托他人帮助填制的；记账凭证一律由会计人员填制。

（2）原始凭证根据发生或完成的经济业务填制；记账凭证根据审核后的原始凭证填制。

（3）原始凭证仅用以记录、证明经济业务已经发生或完成；记账凭证要依据会计科目对已经发生或完成的经济业务进行归类、整理。

（4）原始凭证是填制记账凭证的依据；记账凭证是登记账簿的依据。

第六节 会计账簿

一、会计账簿的概念

会计账簿简称账簿，是由具有一定格式、相互联系的账页组成，用来序时、分类地全面记录一个企业、单位经济业务事项的会计簿籍。设置和登记会计账簿是重要的会计核算基础工作，是连接会计凭证和会计报表的中间环节，做好这项工作，对于加强经济管理具有十分重要的意义。

设置和登记会计账簿是编制会计报表的基础，是连接会计凭证与会计报表的中级环节，在会计核算中具有重要意义。通过账簿的设置和登记，可以记载、储存会计信息，将会计凭证记录的经济业务事项一一计入有关账簿，从而全面反映会计主体在一定时期内发生的各项经济业务事项，储存所需要的各项会计信息；可以分类、汇总会计信息，一方面分门别类地提供各项会计信息，反映一定时期内各项经济活动的详细情况，另一方面通过计算发生额、余额，提供各方面所需要的总括会计信息；可以编报、输出会计信息，通过定期结账，计算出各账户的本期发生额和余额，并据以编制会计报表来反映一定日期的财务状况及一定时期的经营成果，向有关各方提供所需要的会计信息。

此外，通过账簿的设置和登记，还能检查、校正会计信息。账簿记录是会计凭证信息的进一步整理。例如，在永续盘存制下，通过有关盘存账户余额与实际盘点或核查结果的核对，可以确认财产的盘盈或者盘亏；根据实际结存数额调整账簿记录，做到账实相符，将有利于提供真实、可靠的会计信息。

二、会计账簿的分类

账簿的种类和格式是多种多样的，一般可以按照用途、账页格式、外形特征等标准进行分类。

（一）按用途分类

账簿按用途的不同，可以分为序时账簿、分类账簿和备查账簿三种。

（1）序时账簿又称日记账，是按照经济业务发生或完成时间的先后顺序逐日逐笔进行登记的账簿。序时账簿是会计部门按照收到会计凭证号码的先后顺序进行登记的。在会计工作发展的早期，要求必须将每天发生的经济业务逐日登记，以便记录当天业务发生的金额。因而习惯性地称序时账簿为日记账。序时账簿按其记录内容的不同，又分为普通日记账和特种日记账两种。普通日记账是将企业每天发生的所有经济业务，不论其性质如何，按其先后顺序，编成会计分录记入账簿；特种日记账是按经济业务性质单独设置的账簿，它只把特定项目按经济业务顺序记入账簿，反映其详细情况，如库存现金日记账和银行存款日记账。特种日记账的设置，应根据业务特点和管理需要而定，特别是那些发生烦琐、需严加控制的项目，应予以设置，如普通日记账（图1－2－15）、现金日记账（图1－2－16）、银行存款日记账（图1－2－17）。

（2）分类账簿是指对全部经济业务事项按照会计要素的具体类别而设置的分类账户进行登记的账簿。分类账簿按其提供核算指标的详细程度不同，又分为总分类账和明细分类账。总分类账简称总账，是根据总分类科目开设的账户，用来登记全部经济业务，进行总分类核算，以提供总括核算资料的分类账簿；明细分类账简称明细账，是根据明细分类科目开设的账户，用来登记某一类经济业务，进行明细分类核算，以提供明细核算资料的分类账簿。

（3）备查账簿又称辅助账簿，是对某些在序时账簿和分类账簿等主要账簿

普通日记账

20××年		凭证		会计科目	摘要	借方金额	贷方金额	过账
月	日	字	号					
5	1	转	1	材料采购	购入材料	20 000		
				应交税费	增值税	3 200		

图1－2－15　普通日记账

现金日记账

第　　页

年		凭证		摘要	借方											贷方											借或贷	余额											核对
月	日	种类	号数		亿	千	百	十	万	千	百	十	元	角	分	亿	千	百	十	万	千	百	十	元	角	分		亿	千	百	十	万	千	百	十	元	角	分	

图 1-2-16　现金日记账

银行存款日记账

第　　页

年		凭证		摘要	借方											贷方											借或贷	余额											核对
月	日	种类	号数		亿	千	百	十	万	千	百	十	元	角	分	亿	千	百	十	万	千	百	十	元	角	分		亿	千	百	十	万	千	百	十	元	角	分	

图 1-2-17　银行存款日记账

中都不予登记或登记不够详细的经济业务事项进行补充登记时使用的账簿。它可以对某些经济业务的内容提供必要的参考资料。备查账簿的设置应视实际需要而定，并非一定要设置，而且没有固定格式。如设置租入固定资产登记簿、代销商品登记簿等。

（二）按账页格式分类

账簿按账页格式的不同可以分为两栏式账簿、三栏式账簿、多栏式账簿和数量金额式账簿四种。

（1）两栏式账簿。该账簿只有借方和贷方。普通日记账通常采用此种。

（2）三栏式账簿。该账簿设有借方、贷方和余额，适用于只进行金额核算的资本、债权、债务明细分类账，如“应收账款”账户、“应付账款”账户、“实收资本”账户等的明细分类核算。

(3) 多栏式账簿。其是在账簿的两个基本栏目的借方和贷方按照需要分设若干个专栏的账簿，适用于收入、成本、费用、利润和利润分配明细分类账，如"生产成本"账户（图1-2-18）"管理费用"账户、"营业外收入"账户、"本年利润"账户等的明细分类核算。

生产成本 明细分类账

产品名称：甲产品　　　　　　　　　　　　　　　　产量 2000件

2018年		凭证字号	摘要	成本项目						
月	日			直接材料		直接人工		制造费用		合计
6	1		月初余额	880000		125000		125000		1140000
	11	9	生产领用材料	1780000						1780000
	30	31	生产工人工资			750000				750000
	30	32	计提生产工人福利费			105000				105000
	30	36	分配制造费用					225000		225000
	30		生产成本合计数	2660000		980000		360000		4000000
	30	37	转出完工产品成本	2660000		980000		360000		4000000
			期末余额							0

图 1-2-18　生产成本明细分类账

(4) 数量金额式账簿。这种账簿的借方、贷方和余额三个栏目内都分设数量、单价和金额三小栏，以反映财产物资的实物数量和价值量，如"原材料"账户、"库存商品"账户（图1-2-19）、"产成品"账户、"固定资产"账户等的明细分类账。

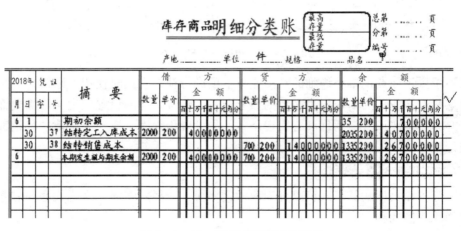

图 1-2-19　库存商品明细分类账

（三）按外形特征分类

账簿按其外形特征的不同，可以分为订本账、活页账和卡片账三种。

（1）订本账。订本式账簿简称订本账，是在启用前将编有顺序页码的一定数量账页装订成册的账簿。这种账簿一般适用于重要的和具有统驭性的总分类账、现金日记账和银行存款日记账。这种账簿的优点是可以避免账页散失，防止账页被抽换；缺点是同一账簿在同一时间只能由一人登记，这样不便于会计人员分工记账，也不便于计算机打印记账。

（2）活页账。活页式账簿简称活页账，是将一定数量的账页置于活页夹内，根据记账内容的变化而随时增加或减少部分账页的账簿。活页账一般适用于明细分类账。这种账簿的优点是可以根据实际需要增添账页，不会浪费账页，使用灵活，并且便于同时分工记账；缺点是账页容易散失和被抽换。各种明细分类账一般采用活页账形式。

（3）卡片账。卡片式账簿简称卡片账，是将一定数量的卡片式账页存放于专设的卡片箱中，账页可以根据需要随时增添的账簿。卡片账一般适用于低值易耗品、固定资产等的明细核算。我国一般只对固定资产明细分类账采用卡片账形式。

三、会计账户与账簿

（一）账户的概念

账户是根据会计科目设置的，具有一定格式和结构，用于分类反映资产、负债、所有者权益、收入、费用、利润等要素增减变动情况及其结果的载体。会计科目是账户的名称，账户是会计科目的具体应用。两者之间的区别在于：账户具有一定的格式和结构，用于反映会计要素增减变动情况及其结果。在实际工作中，对会计科目和账户不加严格区分，而是相互通用。

（二）账户的基本结构

账户分为左方（记账符号为"借"）、右方（记账符号为"贷"）两个方向，一方登记增加，另一方登记减少。资产、成本、费用类账户的借方登记增加额，贷方登记减少额；负债、所有者权益、收入类账户的借方登记减少额，贷方登记增加额。

登记本期增加的金额成为本期增加发生额；登记本期减少的金额称为本期减少发生额；增减相抵后的差额称为余额。余额按照表示时间不同，分为期初余额和期末余额，基本关系为：

期末余额 = 期初余额 + 本期发生额 − 本期减少发生额

账户基本结构包括账户名称（会计科目）、记录经济业务的日期、所依据记账凭证编号、经济业务摘要、增减金额、余额等。

（三）账户与账簿的关系

账户与账簿有着十分密切的联系。账户存在于账簿之中，账簿中的每一账页就是账户的存在形式和载体。没有账簿，账户就无法存在；账簿序时、分类地记载经济业务，是在个别账户中完成的。因此，账簿只是一个外在形式，账户才是真实的内容。账户与账簿的关系是形式和内容的关系。例如，总分类账对应的内容是总分类账户，明细分类账对应的内容是明细分类账户。

第七节　会计报表

一、财务报表概述

（一）财务报表的含义

《企业会计准则——基本准则》和《企业会计准则第 30 号——财务报表列报》中规范了"财务报表"的概念，明确了财务报表的组成及列报要求。

财务报表是对企业财务状况、经营成果和现金流量的结构性表述。财务报表至少应当包括下列组成部分：资产负债表、利润表、现金流量表、所有者权益（或股东权益）变动表和附注。

（二）财务报表的作用

财务报表是指在日常会计核算资料的基础上，按照规定的格式、内容和方法定期编制的，综合反映企业某一特定日期财务状况和某一特定时期经营成果、现金流量状况的书面文件。

财务报表是财务报告的主要组成部分，它所提供的会计信息具有重要作用，主要体现在以下几个方面：

（1）全面系统地揭示企业一定时期的财务状况、经营成果和现金流量，有利于企业管理人员和决策者了解本企业各项任务指标的完成情况，评价管理人员的经营业绩，以便及时发现问题，调整经营方向、制定措施来改善经营管理水平，提高经济效益，为经济预测和决策提供依据。

（2）有利于国家经济管理部门了解国民经济的运行状况。通过对各单位提供的财务报表资料进行汇总和分析，了解和掌握各行业、各地区的经济发展情况，以便宏观调控经济运行，优化资源配置，保证国民经济稳定持续发展。

（3）有利于投资者、债权人和其他有关各方掌握企业的财务状况、经营成果和现金流量情况，进而分析企业的盈利能力、偿债能力、投资收益、发展前景等，为他们投资、贷款和贸易提供决策依据。

（4）有利于满足财政、税务、工商、审计等部门监督企业经营管理。通过财务报表可以检查、监督各企业是否遵守国家的各项法律、法规和制度，有无偷税漏税的行为。

二、财务报表的种类

按照不同标准，财务报表有不同的分类。

(1) 根据财务报表使用人的不同，可以分为对外财务报表和内部报表。

对外财务报表就是企业必须定期编制、定期向上级主管部门、投资者、财税部门等报送或按规定向社会公布的财务报表。这是一种主要的、定期的、规范化的财务报表。它要求有统一的报表格式、指标体系和编制时间等，资产负债表、利润表和现金流量表等均属于对外报表。

内部报表是企业根据其内部经营管理的需要而编制的，供其内部管理人员使用的财务报表。它不要求统一格式，没有统一指标体系，如成本报表属于内部报表。

(2) 根据财务报表所提供信息的内容及其重要性又分为主表和附表。

主表即主要财务报表，是指所提供的会计信息比较全面、完整，能基本满足各种信息需要者的不同要求的财务报表。现在我们常用的主表有三种：资产负债表、利润表和现金流量表。

附表即从属报表，也称为附加表，是对主表中无法详细反映的一些重要信息所做的补充说明。例如，资产负债表是反映企事业单位在某一特定时点（月末，季末，年末）的财务状况的报表，为了更详细、全面地反映财务状况，就有了应交增值税明细表和资产减值准备明细表来作为资产负债表的附表；而利润分配表和分部报表是利润表的附表。主表反映企业的主要财务状况、经营成果和现金流量，附表则对主表进一步补充说明。

(3) 按编制和报送的时间分类，可分为中期财务报表和年度财务报表。

广义的中期财务报表包括月份、季度、半年期财务报表；狭义的中期财务报表仅指半年期财务报表。

年度财务报表是全面反映企业整个会计年度的经营成果、现金流量情况及年末财务状况的财务报表。企业每年年底必须编制并报送年度财务报表。

(4) 按编报单位不同，分为基层财务报表和汇总财务报表。

基层财务报表是由独立核算的基层单位编制的财务报表，是用以反映本单位财务状况和经营成果的报表。

汇总报表是指上级有关部门将本身的财务报表与其所属单位报送的基层报表汇总编制而成的财务报表。

(5) 按照编报的时间，财务报表可分为月报、季报和年报。

(6) 按照报表的会计主体，财务报表可分为个体会计报表和合并会计报表。

三、财务报表的结构

通常一张财务报表包括三部分：表头、表体和表尾。其中，表头包括报表的标题、报表的编号、编表单位名称、编制日期和计量单位等；表体是财务报表的主要内容，包括报表项目和金额等；表尾位于财务报表的底部，包括制表人、附注等。

后附资产负债表（表1-2-4）、利润表（表1-2-5）和现金流量表（表1-2-6）模板。

表 1-2-4 资产负债表（模板）

一般企业财务报表格式（适用于尚未执行新金融准则和新收入准则的企业）

资产负债表

会企01表

编制单位：　　　　　　　　　年　月　日　　　　　　　　　单位：元

资产	期末余额	年初余额	负债和所有者权益（或股东权益）	期末余额	年初余额
流动资产：			流动负债：		
货币资金			短期借款		
以公允价值计量且其变动计入当期损益的金融资产			以公允价值计量且其变动计入当期损益的金融负债		
衍生金融资产			衍生金融负债		
应收票据及应收账款			应付票据及应付账款		
预付款项			预收款项		
其他应收款			应付职工薪酬		
存货			应交税费		
持有待售资产			其他应付款		
一年内到期的非流动资产			持有待售负债		
其他流动资产			一年内到期的非流动负债		
			其他流动负债		
流动资产合计			流动负债合计		
非流动资产：			非流动负债：		
可供出售金融资产			长期借款		
持有至到期投资			应付债券		
长期应收款			其中：优先股		
长期股权投资			永续债		
投资性房地产			长期应付款		
固定资产			预计负债		
在建工程			递延收益		
工程物资			递延所得税负债		
生产性生物资产			其他非流动负债		
油气资产			非流动负债合计		

续表

资产	期末余额	年初余额	负债和所有者权益（或股东权益）	期末余额	年初余额
无形资产			负债合计		
开发支出					
商誉			所有者权益(或股东权益)：		
长期待摊费用			实收资本（或股本）		
			其他权益工具		
递延所得税资产			资本公积		
其他非流动资产			减：库存股		
			专项储备		
			盈余公积		
非流动资产合计			未分配利润		
资产总计			所有者权益（或股东权益）合计		
			负债和所有者权益（或股东权益）合计		—

企业负责人：　　　　　　　会计：　　　　　　　制表人：

拓展知识

1. "应收票据及应收账款"项目，反映资产负债表日以摊余成本计量的、企业因销售商品、提供服务等经营活动应收取的款项，以及收到的商业汇票，包括银行承兑汇票和商业承兑汇票。该项目应根据"应收票据"和"应收账款"科目的期末余额，减去"坏账准备"科目中相关坏账准备期末余额后的金额填列。

2. "其他应收款"项目，应根据"应收利息""应收股利"和"其他应收款"科目的期末余额合计数，减去"坏账准备"科目中相关坏账准备期末余额后的金额填列。

3. "持有待售资产"项目，反映资产负债表日划分为持有待售类别的非流动资产及划分为持有待售类别的处置组中的流动资产和非流动资产的期末账面价值。该项目应根据"持有待售资产"科目的期末余额,减去"持有待售资产减值准备"科目的期末余额后的金额填列。

4. "固定资产"项目,反映资产负债表日企业固定资产的期末账面价值和企业尚未清理完毕的固定资产清理净损益。该项目应根据"固定资产"科目的期末余额,减去"累计折旧"和"固定资产减值准备"科目的期末余额后的金额,以及"固定资产清理"科目的期末余额填列。

5. "在建工程"项目,反映资产负债表日企业尚未达到预定可使用状态的在建工程的期末账面价值和企业为在建工程准备的各种物资的期末账面价值。该项目应根据"在建工程"科目的期末余额,减去"在建工程减值准备"科目的期末余额后的金额,以及"工程物资"科目的期末余额,减去"工程物资减值准备"科目的期末余额后的金额填列。

6. "应付票据及应付账款"项目,反映资产负债表日企业因购买材料、商品和接受服务等经营活动应支付的款项,以及开出、承兑的商业汇票,包括银行承兑汇票和商业承兑汇票。该项目应根据"应付票据"科目的期末余额,以及"应付账款"和"预付账款"科目所属的相关明细科目的期末贷方余额合计数填列。

7. "其他应付款"项目,应根据"应付利息""应付股利"和"其他应付款"科目的期末余额合计数填列。

8. "持有待售负债"项目,反映资产负债表日处置组中与划分为持有待售类别的资产直接相关的负债的期末账面价值。该项目应根据"持有待售负债"科目的期末余额填列。

9. "长期应付款"项目,反映资产负债表日企业除长期借款和应付债券以外的其他各种长期应付款项的期末账面价值。该项目应根据"长期应付款"科目的期末余额,减去相关的"未确认融资费用"科目的期末余额后的金额,以及"专项应付款"科目的期末余额填列。

表1-2-5 利润表

会企02表

编制单位:　　　　　　　　　年　月　　　　　　　　　单位:元

项　目	本期金额	上期金额
一、营业收入		
减:营业成本		
税金及附加		
销售费用		
管理费用		
研发费用		

续表

项 目	本期金额	上期金额
财务费用		
其中：利息费用		
利息收入		
资产减值损失		
加：其他收益		
投资收益（损失以"－"号填列）		
其中：对联营企业和合营企业的投资收益		
公允价值变动收益（损失以"－"号填列）		
资产处置收益（损失以"－"号填列）		
二、营业利润（亏损以"－"号填列）		
加：营业外收入		
减：营业外支出		
三、利润总额（亏损总额以"－"号填列）		
减：所得税费用		
四、净利润（净亏损以"－"号填列）		
（一）持续经营净利润（净亏损以"－"号填列）		
（二）终止经营净利润（净亏损以"－"号填列）		
五、其他综合收益的税后净额		
（一）不能重分类进损益的其他综合收益		
1. 重新计量设定受益计划变动额		
2. 权益法下不能转损益的其他综合收益		
……		
（二）将重分类进损益的其他综合收益		
1. 权益法下可转损益的其他综合收益		
2. 可供出售金融资产公允价值变动损益		
3. 持有至到期投资重分类为可供出售金融资产损益		
4. 现金流量套期损益的有效部分		
5. 外币财务报表折算差额		
……		
六、综合收益总额		
七、每股收益：		
（一）基本每股收益		
（二）稀释每股收益		

企业负责人：　　　　　　　　会计：　　　　　　　　制表人：

拓展知识

1．"研发费用"项目，反映企业进行研究与开发过程中发生的费用化支出。该项目应根据"管理费用"科目下的"研发费用"明细科目的发生额分析填列。

2．"其中：利息费用"项目，反映企业为筹集生产经营所需资金等而发生的应予费用化的利息支出。该项目应根据"财务费用"科目的相关明细科目的发生额分析填列。

3．"利息收入"项目，反映企业确认的利息收入。该项目应根据"财务费用"科目的相关明细科目的发生额分析填列。

4．"其他收益"项目，反映计入其他收益的政府补助等。该项目应根据"其他收益"科目的发生额分析填列。

5．"资产处置收益"项目，反映企业出售划分为持有待售的非流动资产（金融工具、长期股权投资和投资性房地产除外）或处置组（子公司和业务除外）时确认的处置利得或损失，以及处置未划分为持有待售的固定资产、在建工程、生产性生物资产及无形资产而产生的处置利得或损失。债务重组中因处置非流动资产产生的利得或损失和非货币性资产交换中换出非流动资产产生的利得或损失也包括在本项目内。该项目应根据"资产处置损益"科目的发生额分析填列。如为处置损失，则以"-"号填列。

6．"营业外收入"项目，反映企业发生的除营业利润以外的收益，主要包括债务重组利得、与企业日常活动无关的政府补助、盘盈利得、捐赠利得（企业接受股东或股东的子公司直接或间接的捐赠，经济实质属于股东对企业的资本性投入的除外）等。该项目应根据"营业外收入"科目的发生额分析填列。

7．"营业外支出"项目，反映企业发生的除营业利润以外的支出，主要包括债务重组损失、公益性捐赠支出、非常损失、盘亏损失、非流动资产毁损报废损失等。该项目应根据"营业外支出"科目的发生额分析填列。

8．"（一）持续经营净利润"和"（二）终止经营净利润"项目，分别反映净利润中与持续经营相关的净利润和与终止经营相关的净利润；如为净亏损，以"-"号填列。该两个项目应按照《企业会计准则第42号——持有待售的非流动资产、处置组和终止经营》的相关规定分别列报。

表1-2-6 现金流量表

会企03表

编制单位： 年 月 单位：元

项　目	本期金额	上期金额
一、经营活动产生的现金流量		
销售商品、提供劳务收到的现金		
收到的税费返还		

续表

项　目	本期金额	上期金额
收到其他与经营活动有关的现金		
经营活动现金流入小计		
购买商品、接受劳务支付的现金		
支付给职工以及为职工支付的现金		
支付的各项税费		
支付其他与经营活动有关的现金		
经营活动现金流出小计		
经营活动产生的现金流量净额		
二、投资活动产生的现金流量		
收回投资收到的现金		
取得投资收益收到的现金		
处置固定资产、无形资产和其他长期资产收回的现金净额		
处置子公司及其他营业单位收到的现金净额		
收到其他与投资活动有关的现金		
投资活动现金流入小计		
购建固定资产、无形资产和其他长期资产支付的现金		
投资支付的现金		
取得子公司及其他营业单位支付的现金净额		
支付其他与投资活动有关的现金		
投资活动现金流出小计		
投资活动产生的现金流量净额		
三、筹资活动产生的现金流量		
吸收投资收到的现金		
取得借款收到的现金		
收到其他与筹资活动有关的现金		
筹资活动现金流入小计		
偿还债务支付的现金		
分配股利、利润或偿付利息支付的现金		
支付其他与筹资活动有关的现金		
筹资活动现金流出小计		
筹资活动产生的现金流量净额		
四、汇率变动对现金及现金等价物的影响		
五、现金及现金等价物净增加额		
加：期初现金及现金等价物余额		
六、期末现金及现金等价物余额		

企业负责人：　　　　　　　　会计：　　　　　　　　制表人：

四、电子商务对财务报告的影响

现行财务报告是综合反映企业一定时期的财务状况、经营成果以及财务状况的变动情况的书面文件,由财务报表和附表组成。提供财务报告的目的是向会计信息使用者提供会计信息。在电子商务时代,财务报告受到的影响有:

(1) 现行会计信息系统是为某一特定模型服务,将所有的会计信息使用者作为一个整体来看待,提供的是一种"通用的"财务报告。然而,不同的会计信息使用者有不同的决策模型,"通用的"财务报告所提供的会计信息并不能完全满足会计信息使用者不同决策模型的需要。

(2) 国际贸易剧增,币值波动大,财务报告所反映的会计信息并不能反映企业真实的经营成果和财务状况。

(3) 现行财务报告缺少对衍生金融工具的揭示。而网上交易的主要对象是衍生金融工具,风险性较大。因此,会计信息使用者需要看到这方面的揭示,以便他们合理地预计风险和未来现金流量,做出正确的决策。

(4) 知识和信息作为一种全新的资本及一种关键性的生产要素进入经济发展过程,企业的生存和经济效益的提高越来越依赖于知识和创新,知识资本、人力资源在企业资产中的地位越发重要,而现行财务报表对此反映较少。利用现代计算机技术和网络技术建立集电子交易、核算处理、信息随机查询于一体的"动态实时报告系统",可实时满足不同层次的报表使用者对企业会计信息的多元要求。在会计报表中,也应将知识资本和人力资源作为主要资产项目加以重点列示。而反映的侧重点应由关心"创造未来有利现金流动的能力",转向关心"知识资本拥有量及其增值的能力"。

此外,财务报告还要能反映大量的非货币性信息,如企业员工素质、企业组织结构等。

拓展知识

一、资产负债表

(一) 资产负债表的特征

资产负债表是反映某一特定时点财务状况的财务报表,而不是反映某一特定日期的财务报表。从会计科目的角度看,利润表反映的是会计科目在某一时点的结余额。

按年度编制的资产负债表,反映的是企业在特定年度 12 月 31 日的财务状况。

按月份编制的资产负债表,反映的是企业在特定月份月末最后一天的财务状况。若按季度编制资产负债表，则反映企业在每个季末最后一天的财务状况。

（二）资产负债表的作用

（1）资产负债表能够提供某一时点资产的总额及结构，表明企业能够控制的资源及分布，有助于报表使用者了解企业拥有的资产总量和结构。

（2）资产负债表能够提供某一时点负债的总额及结构，表明企业未来需要清偿的债务以及时间的早晚。

（3）资产负债表能够反映所有者在企业拥有的权益，帮助所有者判断资本保值、增值情况以及权益对企业负债的保障程度。

二、利润表

（一）利润表的特征

利润表是反映某一特定期间经营成果的财务报表，而不是反映某一特定时点的财务报表。从会计科目的角度看，利润表反映的是会计科目在某一时期的发生额。

按年度编制的利润表，反映的是企业从每年的1月1日起至12月31日止的整个会计年度累计实现的经营成果。

按月份编制的利润表，反映的是企业从每月的1月1日起至月末最后一天止的整个期间实现的经营成果。若按季度编制利润表，则反映企业从每个季度第一天起至本季度最后一天止的整个季度实现的经营成果。

（二）利润表的作用

通过利润表，可以反映企业在某一时期的收入、费用、利润（或亏损）的金额和构成情况，帮助报表使用者全面了解企业的经营成果，分析企业的获利能力及盈利增长趋势。

三、现金流量表

（一）现金流量表的特征

现金流量表是企业财务报表的重要组成部分，是反映企业在一定会计期间的现金和现金等价物流入和流出的会计报表。现金流量表是一张反映某一特定日期而不是特定时点的报表，从会计科目的角度看，反映的是会计科目在某一会计期间的发生额。

利润表从权责发生制的角度反映企业的盈利能力，而现金流量表从收付实现制的角度反映企业的盈利能力。

按年度编制的现金流量表，反映的是企业从每年的1月1日起至12月31日止的整个会计年度累计发生的现金流量情况。

按月份编制的现金流量表，反映的是企业从每月的1月1日起至月末最后一天止的整个期间发生的现金流量情况。若按季度编制现金流量表,则反映企业从每个季度第一天起至本季度最后一天止的整个季度发生的现金流量情况。

(二) 现金流量表的作用

(1) 有助于评价企业的支付能力、偿债能力和周转能力。

(2) 有助于预测企业的未来现金流量。

(3) 有助于分析企业利润质量及影响现金净流量的因素,为判断企业的财务前景提供信息。

四、概念辨析

(一) 报表日期

细心的学生可能发现,货币资金表的日期是×年×月×日,而利润表的日期是×年×月或×年。为何这两种报表的日期不同呢?

资产负债表通常反映企业的财务状况,而财务状况只有在某一时点时才会有确切的数据,即资产负债表反映的是某一时点的财务状况,只有×年×月×日才属于某一时点。

利润表反映的是经营成果,通常是一段时期内的经营成果,要么是一个月、要么是一个季度或者一年,而不能是某一时点,所以利润表是日期是×年×月,或者是×年。

(二) 金额栏

可能会有学生对报表金额栏有疑问:"期初余额"和"期末余额"中的"期"指什么呢?"年初数"和"年末数"又指什么?"本期数"和"本年度数"又是什么呢?

金额栏中的"期初余额""期末余额""本期数"以及"年初年末数"要结合报表日期才能确定其到底指什么。例如,2018年12月31日的资产负债表中的"年初数"和"年末数"指的是2018年年初(即2018年1月1日)和2018年年末(即2018年12月31日)两个特定时点的余额。如果给定2018年3月31日的资产负债表,那么"期初余额"和"期末余额"指的是2018年3月1日和3月31日两个时点的财务状况余额。

如果给定2018年度10月的利润表,那么"本期数"是指10月的经营成果的发生额,而"本年度数"是指2018年1—10月所有经营成果的累计数。

拓展习题

一、单项选择题

1. 下列可以确认为企业资产的有(   )。

A. 企业的人力资源

B. 企业发生的研发支出，可以可靠计量，但很难判断能否给企业带来相关经济利益

C. 企业赊销一批商品给某客户，与该商品有关的风险与报酬已转移给了该客户。但该客户财务状况持续恶化，企业仍然确认了一项应收账款。

D. 企业经营租出一项固定资产，企业仍照提折旧。

2. 下列各项中，属于企业资产要素范围的是(　　)。
   A. 融资租入的固定资产　　　　B. 经营租入的固定资产
   C. 已过期没有利用价值的存货　D. 计划购入的固定资产

3. 下列各项中，不属于企业收入要素范围的是(　　)。
   A. 销售商品收入　　　　　　　B. 出租无形资产收入
   C. 出售原材料取得的收入　　　D. 接受现金捐赠收入

4. 负债和所有者权益可统称为(　　)。
   A. 权益　　　　　　　　　　　B. 利润
   C. 债权人权益　　　　　　　　D. 长期负债

5. 收入是指企业在日常活动中形成的、会导致所有者权益权增加的、与所有者投入资本无关的(　　)。
   A. 经济利益的总流入　　　　　B. 投资人享有的经济利益
   C. 全部收入　　　　　　　　　D. 经营成果

6. (　　)是指过去的交易或者事项形成的、预期会导致经济利益流出企业的现时义务。
   A. 资产　　　　　　　　　　　B. 负债
   C. 收入　　　　　　　　　　　D. 费用

7. 企业资金运动的动态表现是(　　)。
   A. 资产　　　　　　　　　　　B. 权益
   C. 资产、负债及所有者权益　　D. 收入、费用和利润

8. 反映企业所有者投入资金的科目是(　　)。
   A. 固定资产　　　　　　　　　B. 银行存款
   C. 实收资本　　　　　　　　　D. 长期股权投资

9. 预付账款属于会计要素中(　　)类会计科目。
   A. 资产　　　　　　　　　　　B. 负债
   C. 所有者权益　　　　　　　　D. 费用

10. 下列项目中属于会计科目的是(　　)。
    A. 房屋建筑　　　　　　　　　B. 库存现金
    C. 外商投资　　　　　　　　　D. 没收罚款

11. 会计科目是(　　)。

A. 会计要素的名称 B. 会计报表的项目名称
C. 账簿的名称 D. 账户的名称

12. 下列不属于总分类科目的是（　　）。
A. 固定资产 B. 甲材料
C. 应付账款 D. 生产成本

13. 下列会计科目中，不属于所有者权益类科目的是（　　）。
A. 库存现金 B. 实收资本
C. 本年利润 D. 利润分配

14. 下列（　　）不属于会计科目。
A. 所有者权益 B. 所得税费用
C. 坏账准备 D. 应收票据

15. 下列关于会计等式的表述错误的是（　　）。
A. 资产 = 负债 + 所有者权益
B. 资产 = 负债 + 所有者权益 + 收入
C. 资产 = 负债 + 所有者权益 + 收入 – 费用
D. 收入 – 费用 = 利润

16. 反映企业在任一时点所拥有的资产以及债权人和所有者对企业资产要求权的基本状况的会计等式是（　　）。
A. 资产 = 负债 + 所有者权益
B. 资产 = 负债 + 所有者权益 + 收入
C. 资产 = 负债 + 所有者权益 + 收入 – 费用
D. 收入 – 费用 = 利润

17. 若某企业用盈余公积转增实收资本，则此业务对会计要素的影响是（　　）。
A. 资产增加 B. 负债减少
C. 所有者权益增加 D. 所有者权益不变

18. 甲公司向银行借款 40 000 元存入银行，会导致（　　）。
A. 负债增加，所有者权益减少 B. 资产增加，所有者权益增加
C. 资产增加，负债增加 D. 资产增加，负债减少

19. 确定某一项目、交易或事项应否、应在何时以及如何列作一项会计要素正式记入账内，这一列入财务报表的过程称为（　　）。
A. 确认 B. 计量
C. 记录 D. 报告

20. 在（　　），资产按照取得时支付的金额计量。
A. 重置成本 B. 历史成本
C. 可变现净值 D. 现值

21. 在( )计量下,资产和负债按照在公平交易中,熟悉情况的交易双方自愿进行资产交换或者债务清偿的金额计量。
   A. 重置成本 B. 历史成本
   C. 公允价值 D. 现值

22. 下列关于复式记账法的说法正确的是( )。
   A. 经济业务发生在二个账户中进行记录
   B. 经济业务发生在两个或更多账户中进行记录
   C. 经济业务发生在相互关联两个账户中进行记录
   D. 经济业务发生在相互关联两个或两个以上账户中进行记录

23. 资产类账户的借方登记( )。
   A. 资产的增加 B. 资产的减少
   C. 费用的转销 D. 收入的增加

24. 某所有者权益类账户期末余额为8 000元,本期减少发生额为6 000元,本期增加发生额为7 000元,则期初余额为( )元。
   A. 5 000 B. 6 000
   C. 7 000 D. 4 000

25. 下列会计分录中,属于简单会计分录的是( )。
   A. 一借多贷 B. 一贷多借
   C. 一借一贷 D. 多借多贷

26. 对账户记录进行试算平衡所依据的基本原理是( )。
   A. 借贷记账法的记账规则 B. 会计要素划分的类型
   C. 发生经济业务的内容 D. 账户结构

27. 下列错误中,影响全部账户借贷方发生额试算平衡的是( )。
   A. 某项经济业务未登记入账
   B. 一项业务只登记借方金额,未登记贷方余额
   C. 应借应贷账户中借贷方向记反
   D. 借贷方同时多记了相等金额

28. 借贷记账法中的"借""贷"两字的含义是( )。
   A. 表示债权或债务 B. 表示增加或减少
   C. 作为记账符号,标明记账方向 D. 作为记账符号,标明业务的性质

29. 下列原始凭证属于外来原始凭证的是( )。
   A. 入库单 B. 出库单
   C. 银行收账通知单 D. 差旅费报销单

30. "发料汇总表"是一种( )。
   A. 一次凭证 B. 累计凭证
   C. 汇总凭证 D. 复式凭证

31. 企业从银行提取现金，一般应填制的记账凭证是（　　）。

　　A. 转账凭证

　　B. 现金收款凭证

　　C. 银行存款付款凭证

　　D. 分别填制银行存款付款凭证和现金收款凭证

32. 填制原始凭证时，如大写为"壹仟零壹元壹角整"，其小写应为（　　）。

　　A. 1 001.10 元　　　　　　　　B. 1 001.10

　　C. 1 001.10 元　　　　　　　　D. 1 001.1

33. 会计人员在审核原始凭证的过程中，对于手续不完备的原始凭证，按规定应（　　）。

　　A. 扣留原始凭证　　　　　　　B. 向单位负责人报告

　　C. 退回有关部门或人员补办手续　D. 向主管单位反映

34. 下列不属于原始凭证的是（　　）。

　　A. 销货发票　　　　　　　　　B. 差旅费报销单

　　C. 现金收据　　　　　　　　　D. 银行存款余额调节表

35. 原始凭证是由（　　）取得或填制的。

　　A. 会计主管　　　　　　　　　B. 业务经办单位或个人

　　C. 单位负责人　　　　　　　　D. 出纳人员

36. 对从银行提取现金的业务（　　）。

　　A. 根据现金收款凭证登记银行存款日记账

　　B. 根据现金收款凭证登记现金日记账

　　C. 根据银行存款付款凭证和现金收款凭证登记现金日记账和银行存款日记账

　　D. 根据银行存款付款凭证登记现金日记账和银行存款日记账

37. 从外表形式上，现金日记账一般采用（　　）账簿。

　　A. 活页式　　　　　　　　　　B. 订本式

　　C. 卡片式　　　　　　　　　　D. 三栏式

38. 债权、债务明细分类账的格式一般采用（　　）。

　　A. 数量金额式　　　　　　　　B. 多栏式

　　C. 订本式　　　　　　　　　　D. 三栏式

39. 下列账簿中，可以采用卡片式账簿的是（　　）。

　　A. 现金日记账　　　　　　　　B. 原材料总分类账

　　C. 固定资产总分类账　　　　　D. 固定资产明细账

40. 资产负债表反映的经济内容是（　　）。

　　A. 财务状况　　　　　　　　　B. 经营成果

　　C. 现金流量　　　　　　　　　D. 劳动效率

41. 资产负债表的下列项目中，必须根据总分类账科目和明细分类账科目两者的余额分析计算填列的是(　　)。
　　A. 短期借款　　　　　　　　　　B. 长期借款
　　C. 应收账款　　　　　　　　　　D. 应付账款

42. 企业应于(　　)结账。
　　A. 每项交易或者事项办理完毕时　　B. 每一工作日终了时
　　C. 一定时期终了时　　　　　　　　D. 会计报表编制完成时

43. 会计报表是根据(　　)定期进行归集、加工和汇总而编制的。
　　A. 原始凭证　　　　　　　　　　B. 利润表
　　C. 现金流量表　　　　　　　　　D. 会计账簿记录

44. (　　)可以反映企业经营活动和财务收支的全貌。
　　A. 会计账簿　　　　　　　　　　B. 总分类账
　　C. 财务会计报告　　　　　　　　D. 明细分类账

45. (　　)是反映企业经营成果的会计报表。
　　A. 资产负债表　　　　　　　　　B. 利润表
　　C. 现金流量表　　　　　　　　　D. 会计报表附注

46. 资产负债表的主体和核心部分是(　　)。
　　A. 表头　　　　　　　　　　　　B. 表身
　　C. 表尾　　　　　　　　　　　　D. 附表

47. 编制资产负债表所依据的会计等式是(　　)。
　　A. 收入－费用＝利润
　　B. 资产＝负债＋所有者权益
　　C. 借方发生额＝贷方发生额
　　D. 期初余额＋本期借方发生额－本期贷方发生额＝期末余额

48. 资产负债表中资产的排列顺序是(　　)。
　　A. 资产负债表　　　　　　　　　B. 项目流动性
　　C. 项目收益性　　　　　　　　　D. 项目时间性

49. 资产负债表的下列项目中，直接根据一个总分类账账户就能填列的项目是(　　)。
　　A. 货币资金　　　　　　　　　　B. 应收账款
　　C. 长期借款　　　　　　　　　　D. 预收账款

50. 可以反映企业的短期偿债能力和长期偿债能力的报表是(　　)。
　　A. 利润表　　　　　　　　　　　B. 利润分配表
　　C. 资产负债表　　　　　　　　　D. 现金流量表

二、多项选择题

1. 流动资产包括(　　)等。

A. 库存现金 B. 原材料
C. 应收账款 D. 预付账款

2. 流动负债包括(　　)等。

A. 其他应付款 B. 预收账款
C. 应付票据 D. 销售费用

3. 下列各项中属于企业结算中债务的有(　　)。

A. 应收账款 B. 预付账款
C. 预收账款 D. 应付票据

4. 反映资金运动状况的会计要素是(　　)。

A. 资产 B. 负债
C. 收入 D. 费用

5. 下列项目中属于资产范围的有(　　)。

A. 融资租入的设备 B. 经营租入的设备
C. 委托加工物资 D. 无形资产

6. 所有者权益包括(　　)等。

A. 长期投资 B. 实收资本
C. 资本公积 D. 未分配利润

7. 下列反映企业财务状况的会计要素是(　　)。

A. 所有者权益 B. 资产
C. 财务费用 D. 负债

8. 下列会计科目属于损益类科目的有(　　)。

A. 制造费用 B. 管理费用
C. 财务费用 D. 销售费用

9. 期初余额、本期增加发生额、本期减少发生额、期末余额四项金额的关系可表示为(　　)。

A. 期初余额＋本期增加发生额＝本期减少发生额＋期末余额
B. 期末余额＋本期增加发生额＝本期减少发生额＋期初余额
C. 期末余额＝期初余额＋本期增加发生额－本期减少发生额
D. 期末余额＝期初余额＋本期减少发生额－本期增加发生额

10. 以下说法中,(　　)反映了会计科目和账户之间的关系。

A. 会计科目是会计账户的名称
B. 会计科目和会计账户反映的经济内容相同
C. 会计科目只是对经济业务进行分类核算的标志或名称,不存在结构问题,而账户具有一定的结构和格式
D. 会计科目只能定性界定核算内容,而账户可对经济业务进行定量记录

11. 下列项目中,属于会计科目的有(　　)。

A. 原材料 B. 材料成本差异
C. 存货 D. 周转材料

12. （　　）是对各会计要素进行分类，提供总括核算指标的科目。
A. 总分类科目 B. 一级科目
C. 资产类科目 D. 负债类科目

13. 下列项目中，属于会计科目的有（　　）。
A. 机器设备 B. 固定资产
C. 流动资产 D. 短期借款

14. 工业企业的会计科目按其所反映的经济内容，可以划分为（　　）共同类、损益类。
A. 资产类 B. 负债类
C. 所有者权益类 D. 成本类

15. 下列公式中，属于会计等式的是（　　）。
A. 资产 – 负债 = 所有者权益
B. 收入 – 费用 = 利润
C. 本期借方发生额 = 本期贷方发生额
D. 期末余额 = 期初余额 + 本期增加额 – 本期减少额

16. 财务报表的基本构成要素可以分为（　　）。
A. 资产负债表要素 B. 利润表要素
C. 利润分配表要素 D. 现金流量表要素

17. 会计确认的一般标准为（　　）。
A. 应否确认 B. 符合某项要素的定义
C. 能够可靠的加以计量 D. 如何确认

18. 某公司销售产品，价款为 855 000 元，款项尚未收到，则此项业务表现为（　　）。
A. 收入增加 B. 资产增加
C. 费用增加 D. 负债增加

19. 借贷记账法下，账户借方登记的内容有（　　）。
A. 资产的增加 B. 负债的减少
C. 收入的减少 D. 费用成本的增加

20. 借贷记账法的记账规则是（　　）
A. 有借必有贷 B. 借贷必相等
C. 资产 = 负债 + 所有者权益 D. 以"借""贷"为记账符号

21. 通过账户的对应关系可以（　　）。
A. 了解经济业务事项的内容
B. 掌握资金增减变动的情况

C. 用以计算损益
D. 检查对经济业务事项的处理是否合理、合法

22. 下列账户中与负债结构相反的账户有（　　）。
A. 费用账户　　　　　　　　B. 所有者权益账户
C. 资产账户　　　　　　　　D. 成本账户

23. 会计分录构成的三要素是（　　）
A. 应计入账户的名称　　　　B. 借贷方向
C. 金额　　　　　　　　　　D. 有借必有贷，借贷必相等

24. 会计分录按所涉及账户的多少，可分为（　　）两种。
A. 简单分录　　　　　　　　B. 复杂分录
C. 复合分录　　　　　　　　D. 简明分录

25. 原始凭证的审核一般包括以下（　　）内容。
A. 合法性审核　　　　　　　B. 合理性审核
C. 合适性审核　　　　　　　D. 合规性审核

26. 总分类账户发生额及余额试算平衡表中的平衡关系有（　　）。
A. 期初借方余额合计 = 期初贷方余额合计
B. 本期借方发生额合计 = 本期贷方发生额合计
C. 期初借方余额合计 = 期末贷方余额合计
D. 期末借方余额合计 = 期末贷方余额合计

27. 收到投资人投入固定资产20万元，正确的说法有（　　）。
A. 借记"固定资产"20万元　　B. 贷记"实收资本"20万元
C. 贷记"固定资产"20万元　　D. 借记"实收资本"20万元

28. 下列错误中，哪些不能通过试算平衡发现（　　）。
A. 某项经济业务未入账
B. 应借应贷的账户中借贷方向颠倒
C. 借贷双方同时多记同样金额
D. 借贷方向正确，但有一方记错了账户

29. 复式记账法一般由（　　）、试算平衡四个相互联系的基本内容组成。
A. 记账符号　　　　　　　　B. 账户设置
C. 记账规则　　　　　　　　D. 会计报表

30. 借贷记账法下，账户贷方登记的内容有（　　）。
A. 资产的减少　　　　　　　B. 负债的增加
C. 成本费用的减少　　　　　D. 所有者权益的减少

31. 下列凭证中属于自制原始凭证的有（　　）。
A. 购货发票　　　　　　　　B. 制造费用分配表
C. 限额领料单　　　　　　　D. 产品入库单

32. 银行存款日记账登记的依据是( )。
   A. 银行存款收款凭证　　　　B. 银行存款付款凭证
   C. 部分现金收款凭证　　　　D. 部分现金付款凭证

33. 原始凭证的基本内容包括( )和金额、数量。
   A. 凭证名称　　　　　　　　B. 日期和编号
   C. 经济业务内容　　　　　　D. 会计分录

34. 总分类账与其所属明细分类账进行平行登记的要点有( )。
   A. 既登记有关总分类账，又登记所属的有关明细分类账
   B. 在总分类账账户和明细分类账账户的相同方向记录
   C. 计入总分类账账户的金额等于计入有关明细分类账户的金额之和
   D. 计入总分类账的人员等于计入有关明细分类账的人员

35. 下列属于借贷记账法特点的有( )。
   A. 以"借""贷"作为记账符号
   B. 根据账户所反映的经济内容来决定记账方向
   C. 记账规则是"有借必有贷，借贷必相等"
   D. 可以进行发生额试算平衡和余额试算平衡

36. 对于负债类账户，下列说法正确的有( )。
   A. 借方登记增加数，贷方登记减少数
   B. 借方登记减少数，贷方登记增加数
   C. 期末余额一般在借方
   D. 期末余额一般在贷方

37. 可以作为登记账簿的直接依据的是( )。
   A. 付款凭证　　　　　　　　B. 收款凭证
   C. 原始凭证　　　　　　　　D. 转账凭证

38. 各种原始凭证必须具备的基本内容包括( )。
   A. 原始凭证的名称、日期和凭证的编号
   B. 填制和接受凭证的单位名称或个人姓名
   C. 经济业务的内容、经办人员的签名或盖章
   D. 应借、应贷的会计科目名称

39. 需要在转账凭证上签章的人员有( )。
   A. 制单人员　　　　　　　　B. 记账人员
   C. 财务主管　　　　　　　　D. 出纳人员

40. 付款凭证左上角"贷方科目"可能是下列( )科目。
   A. 库存现金　　　　　　　　B. 银行存款
   C. 主营业务收入　　　　　　D. 应付账款

41. 对支出 16.50 元，以下金额大写错误的有( )。

A. 拾陆元伍角整　　　　　　　　B. 拾陆元伍角
C. 壹拾陆元伍角整　　　　　　　D. 壹拾陆元零伍角整

42. 现金和银行存款之间的相互划转业务，应填制(　　)。
A. 现金收款凭证　　　　　　　　B. 银行存款收款凭证
C. 现金付款凭证　　　　　　　　D. 银行存款付款凭证

43. 对账的主要内容有(　　)。
A. 账表核对　　　　　　　　　　B. 账证核对
C. 账账核对　　　　　　　　　　D. 账实核对

44. 下列凭证中属于记账凭证的有(　　)。
A. 收款凭证　　　　　　　　　　B. 付款凭证
C. 累计凭证　　　　　　　　　　D. 转账凭证

45. 下列对账户余额的表述，正确的是(　　)。
A. 资产类账户的期末余额 = 期初余额 + 本期借方发生额 – 本期贷方发生额
B. 资产类账户的期末余额 = 期初余额 + 本期贷方发生额 – 本期借方发生额
C. 权益类账户的期末余额 = 期初余额 + 本期借方发生额 – 本期贷方发生额
D. 权益类账户的期末余额 = 期初余额 + 本期贷方发生额 – 本期借方发生额

46. 有关债权债务明细分类账(　　)。
A. 为了详细反映结算情况而采用多栏式
B. 根据有关收款凭证记账
C. 根据有关付款凭证记账
D. 根据有关转账凭证记账

47. 企业财务会计报告的使用者通常包括(　　)。
A. 投资者　　　　　　　　　　　B. 债权人
C. 企业管理人员　　　　　　　　D. 政府及相关机构

48. 下列资产项目中属于流动资产项目的有(　　)。
A. 预付账款　　　　　　　　　　B. 其他应收款
C. 无形资产　　　　　　　　　　D. 在建工程

49. 利润表的格式有(　　)。
A. 账户式　　　　　　　　　　　B. 报告式
C. 单步式　　　　　　　　　　　D. 多步式

50. 会计报表包括(　　)。
A. 资产负债表　　　　　　　　　B. 利润表
C. 现金流量表　　　　　　　　　D. 会计报表附注

第二篇
会计基础实务

第一章 企业注册

【知识目标】

◇ 掌握公司注册的相关法律；
◇ 了解如何选择公司的形式；
◇ 掌握公司注册的基本流程；
◇ 清楚公司组建的组织架构。

【技能目标】

◇ 通过学习《中华人民共和国公司法》中的注册业务，培养学生能够根据相关因素选择合适公司类型的能力；
◇ 通过学习公司注册业务，培养学生能够自主创立合法公司的能力。

第一节 企业注册法规及组织形式

课前思考

假设你是一名电子商务专业的学生，大学毕业后，想凭借自己的专业和在大学打工的经历，自主创业。那么，在创业初期，应了解哪些内容呢？

(1) 清楚自主创业的具体相关法律法规。

(2) 了解国家对自主创业的优惠政策，并清楚自己可以享受到哪些优惠政策。

(3) 公司成立后，应该建立适合自己公司的组织结构。

一、企业注册的相关法律法规

企业注册是开始创业的第一步，成立合法的企业，要清楚企业注册的相关法律法规。

首先，需要了解与创立企业相关的基本法律法规，如《中华人民共和国公司法》（以下简称《公司法》）、《中华人民共和国公司登记管理条例》（以下简称《公司登记管理条例》）等。

其次，根据所从事的行业，了解与行业相关的法律法规。例如，从事餐饮业，需要了解《中华人民共和国食品安全法》（以下简称《食品安全法》）《中华人民共和国食品安全法实施条例》（以下简称《食品安全法实施条例》）等。

最后，成立公司后，需要雇佣员工的，需要了解《中华人民共和国劳动法》（以下简称《劳动法》）《中华人民共和国劳动合同法》（以下简称《劳动合同法》）等；业务上，需要了解《合同法》及相关法律法规。

此外，其他创业过程中涉及无形资产的还需要清楚与产权相关的法律法规，如《中华人民共和国专利法》（以下简称《专利法》）《中华人民共和国商标法》（以下简称《商标法》）等。

二、企业的组织形式

企业的组织形式是指企业财产及其社会化大生产的组织状态，它表明了企业的财产构成、内部分工协作与外部社会经济联系的方式。企业的类型有个人独资企业、合伙企业、公司。

（一）个人独资企业

个人独资企业是指依照中国法律在中国境内设立，由一个自然人投资，财产为投资人个人所有，投资人以其个人财产对企业债务承担无限责任的经营实体。

《中华人民共和国个人独资企业法》，由中华人民共和国第九届全国人民代表大会常务委员会第十一次会议于1999年8月30日通过，自2000年1月1日起施行。

1. 设立个人独资企业的条件

（1）投资人为一个自然人。
（2）有合法的企业名称。
（3）有投资人申报的出资。
（4）有固定的生产经营场所和必要的生产经营条件。
（5）有必要的从业人员。

2. 个人独资企业的特点

（1）只有一个出资者。

（2）出资人对企业债务承担无限责任。

在个人独资企业中，独资人直接拥有企业的全部资产并直接负责企业的全部负债，也就是说，独资人承担无限责任。

（3）独资企业不作为企业所得税的纳税主体。

一般而言，独资企业不作为企业所得税的纳税主体，其收益应纳入所有者的其他收益一并计算缴纳个人所得税。大多数小企业均是按独资企业组织设立的。独资企业的价值是出资者出售企业可以得到的现金。

（二）合伙企业

合伙企业是指依法在中国境内设立的由各合伙人订立合伙协议，共同出资、合伙经营、共享收益、共担风险，并对合伙企业债务承担无限连带责任的营利性组织。合伙人可以用货币、实物、土地使用权、知识产权或者其他财产权利出资。上述出资应当是合伙人的合法财产及财产权利。经全体合伙人协商一致，合伙人也可以用劳务出资，其评估办法由全体合伙人协商确定。合伙人应当按照合伙协议约定的出资方式、数额和缴付出资的期限来履行出资义务。《中华人民共和国合伙企业法》于1997年2月23日第八届全国人民代表大会常务委员会第二十四次会议通过，自1997年8月1日起施行。

1. 设立合伙企业的条件

（1）有两个以上合伙人，并且都依法承担无限责任者。
（2）有书面合伙协议。
（3）有各合伙人实际缴付的出资。
（4）有合伙企业的名称。

2. 合伙企业的特点

（1）有两个以上出资者。
（2）合伙人对企业债务承担连带无限责任，包括对其他无限责任合伙人集体采取的行为负无限责任。
（3）合伙人按照对合伙企业的出资比例分享利润或分担亏损。
（4）合伙企业本身不缴纳企业所得税。

合伙企业的收益直接分配给合伙人。石油、天然气勘探企业和房地产开发企业通常按合伙企业组织形式组建。合伙企业的价值是合伙人转让其出资可以得到的现金。

（三）公司

公司是指依法在中国境内设立的有限责任公司和股份有限公司。公司是企业法人，有独立的法人财产，享有法人财产权。公司以其全部财产对公司的债务承担责任。有限责任公司的股东以其认缴的出资额为限对公司承担责任；股份有限公司的股东以其认购的股份为限对公司承担责任。

1. 有限责任公司的组织形式及其特点

根据《公司法》的规定，有限责任公司是依法设立的、股东以其出资额为限对公司承担责任、公司以其全部资产对公司的债务承担责任的企业法人。

有限责任公司的特点：

（1）有 2~50 个出资者。

（2）对公司债务承担有限责任。

（3）公司缴纳企业所得税。有限责任公司根据出资者资本是否属于国有，可以分为国有公司和非国有公司。

2. 股份有限公司的组织形式及其特点

根据《公司法》的规定，股份有限公司是依法设立的、其全部股本分为等额股份、股东以其所持股份为限对公司承担责任、公司以其全部资产对公司的债务承担责任的企业法人。在现代企业的各种组织形式中，股份有限公司占据企业组织形式的主导地位。股份有限公司是与其所有者（即股东）相独立和相区别的法人。

与个人独资企业和合伙企业相比，股份有限公司的特点有：

（1）有限责任。股东对股份有限公司的债务承担有限责任，倘若公司破产清算，那么股东的损失以其对公司的投资额为限。而对独资企业和合伙企业来说，其所有者可能损失更多，甚至会损失个人的全部财产。

（2）永续存在。股份有限公司的法人地位不受某些股东死亡或转让股份的影响，因此，其寿命较独资企业或合伙企业更有保障。

（3）可转让性。一般而言，股份有限公司的股份转让比独资企业和合伙企业的权益转让更为容易。

（4）易于筹资。就筹集资本的角度而言，股份有限公司是最有效的企业组织形式。因其永续存在以及举债和增股的空间大，股份有限公司具有更大的筹资能力和弹性。

（5）对公司的收益重复纳税。作为一种企业组织形式，股份有限公司也有不足，最大的缺点是对公司的收益重复纳税：公司的收益先要缴纳公司所得税；税后收益以现金股利分配给股东后，股东还要缴纳个人所得税。

第二节 注册公司的基本流程

如图 2-1-1 所示，为注册公司的基本流程，一般包括：企业名称核准→递交材料→领取证件→银行开户→核税开业。现以在青岛注册公司为例，进行说明。

一、注册公司名称查询

申办人提供法人和股东的身份证复印件，并提供公司名称 2~10 个，写明经营范围，出资比例（根据有关规定：字数应在 60 个内）。例如，青岛＋某某（公司名）＋贸易（行业名）＋有限公司(类型)。备注：行业名要规范。

填写"企业（字号）名称预先核准申请表"后，由各区统一到青岛市市场管理局通过其内部网查名，如果没有重名，就可以使用这个名称，并核发一张"企业（字号）名称预先核准通知书"，（查名，通过青岛市市场管理局进行公司名称注册申请，由市场管理局的 3 名市场管理局查名科注册官进行综合审定，给予注册核准，并发放盖有青岛市市场管理局名称登记专用章的"企业（字号）名称预先核准通知书"。

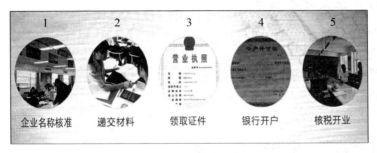

图 2-1-1　注册公司的基本流程

二、递交材料

（1）提供证件材料。新注册公司申办人需提供法人和全体股东的身份证以及相应的其他材料。

（2）报送审批特许项目。如有特殊经营许可项目，则还需相关部门报审盖章。特种行业的许可证办理，根据行业情况及相应部门规定不同，可分为前置审批和后置审批。

（3）刻章并编写公司章程。公司在办理工商注册登记的过程中，需要使用图章（如公章、财务章、法人章、全体股东章、公司名称章等），一般由公安部门刻出。公司章程的样本可以在市场管理局网站下载，根据自己拟办公司实际情况修改并由所有股东签名后交送开发区。

（4）去银行开立公司验资账户，由会计审计部门验资并出具验资报告，带着公司章程、市场管理局发的核名通知、法人代表的私章、身份证、用于验资的现金、会计审计部门已盖章的空白询征函表格，到银行开立公司验资账户，各股东按自己出资比例向此账户缴足相应的钱款。银行会给每个股东发缴款单并在询征函上加盖银行的章。拿着银行出具的股东缴款单、银行盖章后的询征函以及公司章程、核名通知、房租合同、房产证复印件到会计师事务所办理验资报告。按照《公司法》规定，企业投资者需按照各自的出资比例，提供相关注册资金的证明，并通过审计部门进行审计，出具验资报告。

三、申领公司营业执照（三证合一）

填写公司设立登记的各种表格，包括设立登记申请表、股东（发起人）名单、董事经理监理情况、法人代表登记表、指定代表或委托代理人登记表，由市场管理局连同核名通知、公司章程、房租合同、房产证复印件、验资报告一起交给市场管理局，市场管理局对企业提交的材料进行审查，对确定符合企业登记申请的，经市场管理局核定，发放工商企业营业执照，并公告企业成立。

四、开设企业基本账户

在开设银行基本账户时，可根据自己的具体情况选择银行，企业在银行设立基本账户时应提供给银行的材料有：

（1）营业执照正本原件及复印件（3张）。
（2）公司公章、法人章、财务专用章。
（3）法人身份证原件及复印件（3张）。

五、核准税种，申领发票购用簿

企业向所在税务局申请并领取由国家税务局和地方税务局共同监制的发票购用印制簿。企业在申领发票时，必须向税务机关出具发票购用印制簿。

至此，注册公司事宜全部完成，企业进入正常经营阶段。

第三节 企业组织架构

企业组织架构是进行企业流程运转、部门设置及职能规划等最基本的结构依据，常见组织架构形式包括中央集权式、分权式、直线式以及矩阵式等。

企业的组织架构就是一种决策权的划分体系以及各部门的分工协作体系。组织架构需要根据企业总目标，把企业管理要素配置在一定方位上，确定其活动条件，规定其活动范围，形成相对稳定的、科学的管理体系。

没有组织架构的企业将是一盘散沙，组织架构不合理会严重阻碍企业的正常运作，甚至导致企业经营的彻底失败。相反，适宜、高效的组织架构能够最大限度地释放企业的能量，使企业更好地发挥协同效应，达到"1＋1＞2"的合理运营状态。

很多企业正承受着组织架构不合理所带来的损失与困惑：组织内部信息传导效率降低、失真严重；企业做出的决策低效甚至错误；组织部门设置臃肿；部门间责任划分不清，导致工作中互相推诿、互相掣肘；企业内耗严重，等等。要清除这些"企业病"，只能通过组织架构变革来实现。

组织架构好，可以形成整体力量的汇聚和放大效应。否则，就容易出现"一盘散沙"现象,甚至造成力量相互抵消的"窝里斗"局面。也许正是基于这种效果,人们常将"组织"誉为与人、财、物三大生产要素并重的"第四大要素"。也正是在这一意义上,美国钢铁大王卡内基这样说道:"将我所有的工厂、设备、市场、资金夺去,但只要公司的人还在,组织还在,那么,四年之后我仍会是个钢铁大王。"由此不难看出组织结构管理及组织工作的重要性。

如图2-1-2所示,为企业组织架构示例。

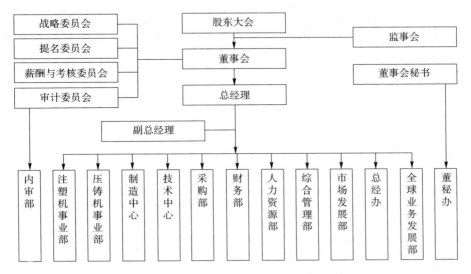

图2-1-2　企业组织架构示例

第二章

企业资金筹集

【知识目标】

◇ 了解企业资金的筹集来源、筹资方式、资金的时间价值；
◇ 理解实收资本和短期借款的概念、账户设置及其结构；
◇ 掌握企业资金筹集过程的经济业务类型和会计核算。

【技能目标】

◇ 通过对企业资金筹集渠道以及资金成本、资金时间价值的学习，培养学生筹措资金的能力；
◇ 通过对企业资金筹集业务的学习，培养学生基本的财务核算能力。

不同企业的经济业务各有特点，其经营范围、业务流程也不尽相同，本章主要介绍企业的资金筹集、设备购置、商品采购、商品销售和利润形成与分配等经济业务。现以青岛优品电子商务公司为背景，研究该企业的资金流动情况。该企业的网络销售交易及资金流转示意如图2-2-1所示。

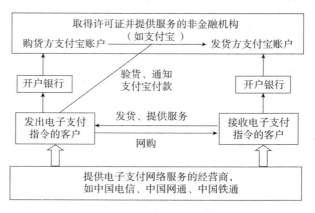

图2-2-1 网络销售交易及资金流转示意

第一节　企业资金来源

课前思考

1. 当你经营的电子商务企业出现了资金短缺现象时，你该如何应对？
2. 你了解维持企业运转的资金的性质吗？
3. 如何计算企业使用资金的成本？

企业要从事正常的经营活动，首先必须拥有一定量的资金。筹集资金是企业经营资金运动的起点。企业取得资金的来源就是企业筹集资金的渠道，主要有投资者投入的资本和向银行等金融机构借入的款项。从企业所有者处筹集的资金（即所有者权益）主要通过直接投资、发行股票（普通股和优先股）、企业的留存收益等方式获得。从企业债权人处筹集的资金属于企业的负债，主要通过银行借款、发行债券、融资租赁、商业信用等方式获得。

一、所有者权益筹资业务

所有者投入资本按照投资主体的不同可以分为国家资本金、法人资本金、个人资本金和外商资本金等。

所有者投入的资本主要包括实收资本（或股本）和资本公积。

实收资本（或股本）是指企业的投资者按照企业章程、合同或协议的约定，实际投入企业的资本金以及按照有关规定由资本公积、盈余公积等转增资本的资金。

资本公积是企业收到投资者投入的超出其在企业注册资本（或股本）中所占份额的投资以及直接计入所有者权益的利得和损失等。资本公积作为企业所有者权益的重要组成部分，主要用于转增资本。

二、负债筹资业务

负债筹资主要包括短期借款、长期借款以及结算形成的负债等。

短期借款是指企业为了满足其生产经营对资金的临时性需要而向银行或其他金融机构等借入的、偿还期限在一年以内（含一年）的各种借款。短期借款的筹资方式适应与企业经营中的短期资金需求，筹资数量比较小，对解决企业营销活动中的资金短缺比较有效。

长期借款是指企业向银行或其他金融机构等借入的偿还期限在一年以上（不含一年）的各种借款。

结算形成的负债主要有应付账款、应付职工薪酬、应交税费等。

三、资金成本

资金成本（Cost of Funds）主要包括资金筹集费用和资金占用费用两部分，是指企业为筹集资金（借款手续费、证券发行费用）和使用资金（利息、股息等）而付出的代价，是资金使用者向资金所有者和中介机构支付的占用费和筹集资金的费用。

对于电子商务企业来说，不仅要考虑筹集资金过程中的用资代价，而且要选择筹集资金的来源方式。因此，搞清楚筹集资金的渠道和利息的计算对电子商务企业有重要的意义。关于利息的计算，本书结合资金时间价值的计算来进行介绍。

【拓展知识】

小知识——资金成本的计算

常见筹资方式资金成本的计算：

（1）银行借款资金成本率＝借款额×利率×（1－所得税税率）/（借款额－筹资费用）×100%

（2）债券的资金成本率＝票面金额×票面利率×（1－所得税税率）/（筹资金额－筹资费用）×100%

（3）普通股资金成本率＝（预计第一年股利/发行价－发行费用）＋预计每年股利增长率

第二节 资金时间价值

【导入案例】

徐良在大学期间一直想自主创业。大学毕业后，他发现创建企业的风险较大。于是找业内人士进行了详细的咨询。最后，他终于选定了一家大型服装企业，并联系了企业总部，总部工作人员告诉他，如果他要加入服装的网络营销，就必须一次性支付50万元加盟费。徐良提出，现在没有这么多现金，可否分次支付？得到的答复是：如果分次支付，则必须从经营当天起，每年年初支付20万元，连付3年。三年中如果有一年没有按期付款，那么总部将停止专营权的授予。假设徐良现在身无分文，需要到银行贷款开业，则按照徐良所在县城有关扶持大学生创业投资的计划，他可以获得年利率5%的贷款扶持。请问徐良现在应该一次性支付还是分次支付？

市场经济时期，竞争激烈，优胜劣汰，适者生存，企业在经济活动中，应该时刻注重资金的时间价值，抢占商机，充分利用现代管理手段，使企业立于不败之地。

一、资金的时间价值

资金的时间价值是指货币随着时间的推移而发生的增值，是资金周转使用后的增值额。在不同的时间，付出或得到同样数额的资金在价值上是不相等的，也就是说，数额相等的资金，如果存在的时间点不一样，那么它们的价值量就不相等。今天可用于投资的一项资金即使不考虑通货膨胀因素，也比将来可获得的同样数额的资金更有价值。

二、资金的时间价值对电子商务业务策划的作用

资金的时间价值是客观存在的，生产经营的一项基本原则就是充分利用资金的时间价值并最大限度地获得其时间价值，这就要加快资金周转速度，早期回收资金，并不断从事利润较高的投资活动；任何资金的闲置，都会损失资金的时间价值。企业领导者应该充分注重资金的时间价值，抓住商机。作为企业的电子商务策划人员，在应收账款的回收中，也应该注重资金的时间价值。

（1）注重资金的时间价值，及时回笼资金。有利于电子商务销售周期的缩短，电子商务销售周期小，在同一时间范围内，利润率会提高。

（2）注重资金的时间价值，及时回笼资金。在电子商务销售决策中，这会使对电子商务项目的变更更加自如。资金回笼慢，就会使电子商务销售决策摇摆不定。

三、资金的时间价值的计算

资金的时间价值的计算主要分为单利和复利两种：单利只按本金计算利息，即"本生利"；复利就是前期利息要与本金合并计算本期利息，即"利滚利"。复利计息法同单利计息法相比，计算过程更复杂，计算难度更大，但它不仅考虑了初始资金的时间价值，还考虑了由初始资金产生的时间价值，能更好地诠释资金的时间价值。

利息是资金的时间价值的一种重要表现形式。而且，通常将利息额的多少作为衡量资金的时间价值的绝对尺度，将利率作为衡量资金的时间价值的相对尺度。

（一）利息

在借贷过程中，债务人支付给债权人超过原借贷金额的部分就是利息。从本质上看，利息是贷款发生利润的一种再分配。在营销经济业务中，利息也可以被看成是资金的一种机会成本。这是因为如果放弃资金的使用权利，则相当于失去收益的机会，也就相当于付出了一定的代价。事实上，投资就是为了在未来获得更大的收益而对目前的资金进行的某种安排。很显然，未来的收益应当超过现在

的投资，正是这种预期的价值增长刺激人们投资。

(二) 利率

在经济学中，利率的定义是从利息的定义中衍生出来的。也就是说，在理论上先承认了利息，再以利息来解释利率。在实际计算中，则正好相反，常根据利率计算利息。利率就是在单位时间内所得利息额与原借贷金额之比，通常用百分数表示。

$$年利率 = 年利息总数/本息 \times 100\%$$

【例】 某公司现借得本金 1 000 万元，一年后付息 80 万元，则年利率为

$$80/1\ 000 \times 100\% = 8\%$$

拓展知识

小知识——资金时间价值的换算

终值（F）：终值又称将来值，是现在一定量现金（现值 P）在未来某一时点上的价值，俗称本利和。一般用 i 表示利率，n 表示年数。

(1) 单利只对本金计息，计息基础是本金。每期的利息相等。

单利的运算公式为

$$F = P \times (1 + n \times i)$$

(2) 复利不仅对本金计息，而且对前期的利息也要计息。复利计息的基础是前期的本利，故每期的利息不等。

复利终值的运算公式为

$$F = P \times (1 + i)^n$$

四、引例分析

对徐良来说，如果一次性支付，则相当于付现值 50 万元；若分次支付，则相当于一个 3 年的先付年金，徐良应该把这个先付年金折算为 3 年后的终值，再与 50 万元的 3 年终值进行比较，只有这样才能发现哪个方案更有利。

如果分次支付，则其 3 年终值

$$F = 20 \times (1 + 5\%) + 20 \times (1 + 5\%)^2 + 20 \times (1 + 5\%)^3 = 66.202\ 5(万元)$$

如果一次性支付，则其 3 年的终值

$$F = 50 \times (1 + 5\%)^3 = 57.88\ （万元）$$

相比之下，一次性支付更划算。

第三节　电子商务企业资金支付方式

【导入案例】

程远电子商务公司 2018 年 5 月发生如下资金收支结算事宜：

（1）销售商品一批，货款 20 000 元，客户以支付宝形式付款。
（2）销售商品一批，货款 50 000 元，收到一张客户的银行汇票。
（3）销售商品一批，货款 3 000 元，客户要求货到付款。
（4）采购商品一批，货款 8 000 元，已经网上银行转账支付。
（5）采购商品一批，货款 8 000 元，开出一张转账支票并支付。
请问电子商务企业的资金支付方式有哪些？

随着电子商务的快速发展，电子支付的重要性越来越明显，已经成为整个电子商务产业链中的核心环节。在我国电子商务发展的过程中，B2C 电子商务、C2C 电子商务产生了多种支付方式，包括汇款、货到付款、网上支付、电话支付、手机短信支付等，并且这些方式同时并存，在经济交易往来中也被广泛使用。

一、汇款

银行汇款或邮局汇款是一种传统支付方式，也是目前为止电子商务支付方式中较常用的支付方式。汇款是消费者将订单金额通过银行或者邮政部门汇给商户的一种结算支付方式。采用银行或邮局汇款，可以直接用人民币进行交易，避免了诸如黑客攻击、账号泄露、密码被盗等问题，对消费者来说更安全。但采用此种支付方式的收、发货周期时间较长。例如，卓越网的邮局汇款支付期限为 14 天，银行电汇为 10 天，而采用其他网上支付只需 1～2 天或者即时到账。此外，消费者还必须到银行或邮局进行支付，支付过程比较烦琐。对商家来说，这种交易方式也无法体现电子商务高速、交互性强、简单易用且运作成本低等优势。因此，这种支付方式并不能适应电子商务长期、高速的发展。

二、货到付款

货到付款又称送货上门，指按照客户提交的订单内容，在承诺的配送时限内送达消费者指定交货地点后，双方当场验收商品，当场缴纳货款的一种结算支付方式。目前，很多购物网站都提供这种支付方式。这是一个充满"中国特色"的 B2C 电子商务支付方式、物流方式，既解决了中国网上零售行业的支付和物流两大问题，又培养了客户对网络的信任。货到付款仍然是中国用户最喜欢的支付方式之一。但是，将支付与物流结合在一起存在很多问题。首先，采用现金付费的方式时，只局限在小额支付上，对于商家的大额交易则无法实现。其次，由于送货上门受到地区的局限，而 EMS 费用又较高，所以消费者选择最多的还是普通邮寄，这就会带来必然的时间损耗，从而给用户造成不便。例如，当当书店送货上门时，送到北京市内读者手中需 1～2 天，送到其他城市需 3～7 天，普通邮寄则可能需 1～2 周。而且，送货上门单张订单购物金额满 30 元免 5 元平邮费用，单张订单购物金额满 200 元免加急费用等政策并不适用于小额购物的消费者。

三、网上支付

所谓网上支付，是以金融电子化网络为基础，以商用电子化工具和各类交易卡为媒介，以电子计算机技术和通信技术为手段，以二进制数据形式存储，并通过计算机网络系统以电子信息传递形式实现的流通和支付。

网上支付是电子商务支付形式中的绝对主力，国内目前采用网上支付业务的网上书店总数已超过10万家。网上支付的方式主要有：银行卡支付、电子支票支付和电子货币支付。其中，比较成熟的是银行卡支付，银行卡支付是目前国内网上购物在线支付的最主要手段。

（一）网上银行卡转账支付

网上银行卡转账支付指的是通过网络，利用银行卡对电子商务的交易进行支付的方式。客户通过网络向商家订货后，在网上将银行卡卡号和密码加密发送到银行，直接要求转移资金到商家银行账户，完成支付。银行卡的卡类包括信用卡、借记卡和智能卡等。

目前，我国网上银行卡转账支付分为有数字证书和无数字证书两种方式。一般的用户如果不去银行申请启用有数字证书保护的网上支付功能，就只能使用无数字证书保护的网上支付。不启用数字证书保护的网上支付在功能上会有一定的限制，例如只能进行账户查询或只能进行小额支付；而启用数字证书保护的网上支付不仅拥有更高的安全性，而且能享受网上银行所提供的全部服务，支付的金额也不受限制。

网上银行卡转账支付存在着安全性和方便性方面的矛盾。例如，若要启用数字证书保护，则付款人必须经过向银行申请安装数字证书、下载指定软件等多道手续，这对于那些不熟悉相关操作和不会上网的客户而言就很难实现。另外，由于客户直接将货款转移到商家的账户上，故如果出现交易失败的情况，那么讨回货款的过程就可能变得非常烦琐和困难。

（二）第三方支付平台结算支付

第三方支付平台结算支付是指客户和商家都首先在第三方支付平台处开立账户；并将各自的银行账户信息提供给第三方支付平台，第三方支付平台通知商家已经收到货款，商家发货；客户收到并检验商品后，通知第三方支付平台付款给商家，第三方支付平台收到通知后，再将款项划转到商家的账户中。这样，客户和商家的银行账户信息只需提供给第三方支付平台，相对比较安全，且支付通过第三方支付平台完成，如果客户未收到商品或商品有问题则可以通知第三方支付平台拒绝付款给商家。同时，商家可以在货款有保障的情况下放心发货，从而有效地降低了交易风险。第三方平台结算支付是当前国内服务数量最多的支付模式。国内目前比较知名的第三方支付平台有阿里巴巴的支付宝、腾讯的财付通、微信支付、易趣的安付通、贝宝、易宝支付、京东金融、百度钱包、银联在线等。

第三方支付平台的介入，解决了电子商务支付过程中的一系列问题。如安全问题、信用问题、成本问题等。当然，现有的第三方支付平台也存在一定的风险。

第四节 企业筹集资金业务账务处理

【导入案例】

由智联公司和广通公司共同投资，注册成立了青岛优品电子商务公司（以下简称"优品公司"），注册资本为200万元。优品公司于2018年4月5日领取了三证合一营业执照，并于本月开始营业运转。

优品公司的纳税人登记号：370202153788706；开户银行及账户类型：中国工商银行长江支行，基本存款账户；账号：372—539；经营地址：长江路518号。

企业资金筹集情况如表2-2-1所示，股东投入200万元。

表2-2-1 企业资金筹集情况

股东名称	投资时间	税务登记号	投资金额	投资比例/%
智联公司	2018-4-10	370203586786906	160万元	80
广通公司	2018-4-9	370201637978526	投入固定资产，公允价值为40万元	20

【备注】企业筹建期间，广通公司投入的固定资产如表2-2-2所示，相关设备于2018年4月投入使用。

表2-2-2 广通公司投入的固定资产

使用部门		原值	月折旧率/%
销售部门	计算机	100 000	1.67
	办公设备	100 000	2.78
经管部门	计算机	100 000	1.67
	办公设备	100 000	2.78
合计		400 000	

假如你是该企业的财务人员，本月你收到如下单据，应如何进行会计处理？

···105

(1) 5月10日，优品公司收到银行通知，智联公司投资款1 600 000元已收款入账，进账单详见图2－2－2。

委托日期2018年5月10日　　　　　　　　　第1987号

付款人	全称	智联公司	收款人	全称	优品公司							
	账号	175678		账号	372－539							
	开户行	交通银行		开户行	工商银行							
人民币壹佰陆拾万元整（大写）			千	百	十	万	千	百	十	元	角	分
			¥	1	6	0	0	0	0	0	0	0
票据种类		转支										
票据张数	1	凭证张数										
主管会计复核记账			中国工商银行 青岛支行 收款人开户行盖章 转讫章									
备注：												

图2－2－2　中国工商银行进账单（收账通知）

(2) 5月15日，优品公司向中国工商银行长江支行借款300 000元，期限6个月，年利率6%，借款借据详见图2－2－3。

2018年5月15日　　　　　　　　凭证号码：0151996

借款人	优品公司		账号		372－539						
人民币（大写）	叁拾万元整		千	百	十	万	千	百	十	元	角	分
					¥	3	0	0	0	0	0	0
用途	流动资金周转借款	期限	约定还款日期		2018年11月15日						
		6个月	贷款利率	6%（年）	借款合同号码		2018011003				
上列借款已批准发放，已转入你单位存款账户					中国工商银行 青岛支行 转讫章						
复核：　　　　　记账：											

图2－2－3　中国工商银行借款借据（收账通知）

(3) 5月20日，优品公司向中国工商银行借款150 000元，期限2年，年利率

10%，详见图2-2-4。

借款人	优品公司		账号	372-539							
人民币（大写）	拾伍万元整			千	百	十	万	千	百	十	元	角	分
				¥	1	5	0	0	0	0	0	0
用途	流动资金周转借款	期限	约定还款日期	2019年1月20日
		2年	贷款利率	10%（年）	借款合同号码	2018013107
上列借款已批准发放，已转入你单位存款账户				
复核： 记账：				

2018年5月20日　　　凭证号码：0231763

图2-2-4　中国工商银行借款借据（收账通知）

案例思考

（1）请根据凭证，描述上述经济业务。
（2）分析经济业务，做出相应的会计分录。

一、投资者投入资本的核算

我国有关法律规定，投资者设立企业首先必须投入资本。投资者投入资本是投资者实际投入企业的各种财产物资的货币表现，它包括投资者的原始投资及以后的追加投资；按照投资主体的不同，可分为国家投入资本、法人投入资本、个人投入资本和外商投入资本；按照投入资本的形式不同，可分为货币投资、实物投资和无形资产投资等。

（一）投入资本核算的账户设置

为了反映和监督投资者投入资本的增减变化情况，除股份有限公司外（股份公司为"股本"），其他各类企业应设置"实收资本"账户。该账户是所有者权益类账户，贷方登记企业实收资本的增加额，借方登记企业依法定程序报经批准减少的实收资本，期末余额在贷方，反映企业期末实收资本实有数额。为了反映企业的所有者投资在企业所有者权益中的构成及其变动情况，"实收资本"账户须按所有者设置明细分类账户，进行明细分类核算。股份有限公司设置"股本"账户，核算投资者投入的资本。企业收到投资者投入的资本超过其注册资本所占份额的部分，作为资本溢价或股本溢价，确认为企业的资本公积。

企业的实收资本按投资者实际投入数额入账。企业收到投资者作为资本投入的现金资产时，按照实际收到的金额入账；企业收到投资者作为资本投入的非现金资产时，应按投资各方确认的价值作为实收资本入账。该账户的核算内容及其结构，如图 2-2-5 所示。

借方	实收资本	贷方
		期初余额：期初所有者投资的实有数额
本期所有者投资的减少额		本期所有者投资的增加额
		期末余额：期末所有者投资的实有数额

图 2-2-5 "实收资本"账户的核算内容及其结构

（二）投入资本的总分类核算

企业收到投资者投入企业的资本后，应根据有关原始凭证（如投资清单、银行通知单等），按出资方式进行账务处理。

【分析引例】优品公司收到智联公司投入的资本 1 600 000 元。

该项经济业务的发生，使企业资产要素和所有者权益要素发生变化。一方面，优品公司的银行存款增加 1 600 000 元，应借记"银行存款"账户；另一方面，优品公司所有者权益增加了 1 600 000 元，应贷记"实收资本"账户。其会计分录如下：

借：银行存款　　　　　　　　　　　　　　　　　　　1 600 000
　　贷：实收资本——智联公司　　　　　　　　　　　　　　1 600 000

根据会计分录登记的"T"形账户，如图 2-2-6 所示。

图 2-2-6 根据"实收资本"账户和"银行存款"账户登记的"T"形账户

二、借入资金的核算

企业在生产经营过程中，为弥补生产周转资金的不足，经常需要向银行或其他金融机构等债权人借入资金，按归还期限的长短，可分为短期借款和长期借款。借入期限在一年以内（含一年）的各种借款为短期借款；偿还期限在一年以上（不含一年）的借款为长期借款。

（一）短期借款的核算

短期借款属于企业的流动负债。短期借款的核算主要包括取得短期借款、计提短期借款利息、归还短期借款本金和支付短期借款利息。

1. 短期借款核算账户的设置

（1）"短期借款"账户。为了反映和监督短期借款的取得和归还情况，应设置"短期借款"账户。该账户是负债类账户，企业取得短期借款，表明流动负债增加，应计入"短期借款"账户贷方；归还借款时，表明流动负债减少，应计入"短期借款"账户借方；期末余额在贷方，表示企业期末尚未归还的短期借款。该账户应按债权人设置明细分类账，并按借款种类进行明细分类核算。该账户的核算内容及其结构，如图2－2－7所示。

借方	短期借款	贷方
	期初余额：期初尚未归还的短期借款	
本期归还短期借款	本期取得的短期借款	
	期末余额：期末尚未归还的短期借款	

图2－2－7　"短期借款"账户的核算内容及其结构

（2）"财务费用"账户。"财务费用"账户属于损益类账户，用来核算企业为筹集生产经营资金而发生的费用。该账户的借方登记本期发生的各项财务费用，包括利息支出、手续费等；贷方登记本期发生的利息收入和期末转入"本年利润"账户的财务费用，结转后该账户应无余额。该账户应按费用项目设置明细分类账，进行明细分类核算。"财务费用"账户的核算内容及其结构可用图2－2－8表示。

借方	财务费用	贷方
本期发生的各项财务费用	本期发生的利息收入和期末转入"本年利润"账户的财务费用	

图2－2－8　"财务费用"账户的核算内容及其结构

（3）"应付利息"账户。"应付利息"账户属于负债类账户，用来核算企业按照合同规定应支付的利息。期初尚未支付的利息费用和本期计提的利息费用应计入"应付利息"账户的贷方；本期实际支付的利息数额应计入"应付利息"的借方，期末余额在贷方，表示已计提但尚未支付的利息费用。"应付利息"账户的核算内容及其结构可用图2－2－9表示。

借方	应付利息	贷方
	期初余额：期初尚未支付的利息费用	
本期实际支付的利息费用	本期计提的利息费用	
	期末余额：已计提但尚未支付的利息费用	

图2－2－9　"应付利息"账户的核算内容及其结构

2. 短期借款的总分类核算

企业向银行或其他金融机构等债权人借入短期借款时，应根据有关原始凭证（如借款合同书、借款凭证等）进行账务处理。

【分析引例】 优品公司从银行取得借款 300 000 元，期限 6 个月，年利率 6%，存入银行。

该项经济业务的发生，使企业资产要素和负债要素发生变化。一方面，优品公司的银行存款增加 300 000 元，应借记"银行存款"账户；另一方面，优品公司短期借款增加了 300 000 元，应贷记"短期借款"账户。因此，这项经济业务涉及"银行存款"账户和"短期借款"账户两个账户，其会计分录如下：

借：银行存款　　　　　　　　　　　　　　　　　　300 000
　　贷：短期借款　　　　　　　　　　　　　　　　　　　300 000

根据会计分录登记的"T"形账户，如图 2-2-10 所示。

借方	银行存款	贷方		借方	短期借款	贷方
	300 000	←	→		300 000	

图 2-2-10　根据"银行存款"账户和"短期借款"账户登记的"T"形账户

因为借款要产生利息，所以在会计核算中要预提本月短期借款利息 1 500 [300 000 × (6% ÷ 12) = 1 500] 元。

该项经济业务的发生，使企业费用要素和负债要素发生变化。一方面，优品公司本月财务费用增加了 1 500 元，应借记"财务费用"账户；另一方面，优品公司的应付利息也增加了 1 500 元，应贷记"应付利息"账户。因此，这项经济业务涉及"财务费用"账户和"应付利息"账户两个账户，编制会计分录如下：

借：财务费用　　　　　　　　　　　　　　　　　　1 500
　　贷：应付利息　　　　　　　　　　　　　　　　　　　1 500

实际工作中，财会人员应根据借款利息计算表，填制转账凭证。

根据会计分录登记的"T"形账户，如图 2-2-11 所示。

借方	财务费用	贷方		借方	应付利息	贷方
	1 500	←	→		1 500	

图 2-2-11　"财务费用"账户和"应付利息"账户登记的"T"形账户

（二）长期借款的核算

长期借款是指企业向银行或其他金融机构借入的、偿还期在一年以上的各种借款。长期借款的会计核算主要包括取得长期借款、计算长期借款利息、偿还长期借款本金和利息的会计核算。

1. 长期借款核算账户的设置

长期借款属于企业的长期负债。为了反映和监督长期借款的取得、归还，应设置"长期借款"账户。该账户属于负债类账户。企业取得长期借款，表明长期负债增加，应计入"长期借款"账户的贷方，归还借款时，表明长期负债减少，应计入"长期借款"账户的借方，期末余额在贷方，表明期末尚未归还的长期借款。该账户应按债权人设置明细账。该账户的核算内容及其结构，如图 2-2-12 所示。

借方	长期借款	贷方
	期初余额：期初尚未归还的长期借款	
本期偿还的长期借款	本期取得的长期借款	
	期末余额：期末尚未归还的长期借款	

图 2-2-12 "长期借款"账户的核算内容及其结构

2. 长期借款的总分类核算

企业向银行或其他金融机构等债权人借入长期借款时，应根据有关原始凭证（期借款合同书、借款借据等）进行账务处理。

【分析引例】优品公司从银行借入期限 3 年、年利率 9% 的借款，该项经济业务的发生，引起企业资产要素和负债要素发生变化。一方面，优品公司借款 150 000 元，存入企业存款账户，使银行存款增加 150 000 元，应借记"银行存款"账户；另一方面，长期借款增加了 150 000 元，应贷记"长期借款"账户。因此，这项经济业务涉及"银行存款"和"长期借款"两个账户，其会计分录如下：

借：银行存款　　　　　　　　　　　　　　　　150 000
　　贷：长期借款　　　　　　　　　　　　　　　　150 000

根据会计分录登记的"T"形账户，如图 2-2-13 所示。

图 2-2-13 根据"银行存款"账户和"长期借款"账户登记的"T"形账户

【课外实务操作】
根据案例中的经济业务编制凭证，并登记账簿。

第三章

采购业务

【知识目标】

◇ 了解企业采购过程的经济业务类型；
◇ 明确商品采购成本的构成；
◇ 掌握采购业务过程中的账务处理核算。

【技能目标】

◇ 能够计算采购商品的采购成本；
◇ 使学生具备处理商品采购经济业务的会计核算能力；
◇ 明确采购业务中的结算方式。

【导入案例】

（1）5月15日，优品公司向华南公司购进甲商品3 000件，增值税专用发票（图2-3-1）所列单价为50元，计买价为150 000元，进项税额为24 000元，款项以银行存款支付，商品已验收入库。

（2）5月18日，从海鑫公司购进乙商品2 000件，增值税专用发票（图2-3-2）注明单价为30元，计买价为60 000元，进项税额为9 600元，货款未付，商品已入库。

（3）5月20日，优品公司从新尚公司购进丙商品1 000件，增值税专用发票（图2-3-3）注明单价为8元，计买价为8 000元，进项税额为1 280元，货款未付，商品已入库。

浙江增值税专用发票

3300215360　　　　　　　　　　　　　　　　　　　No.0075690

发票联　　开票日期：2018年5月15日

购货单位	名称：优品公司				密码区	+2+2*1*7*<9+8+>50849/ /9-8399>226282*45*317 加密原本号：01 -4059/9/+0/573904*<70　2200024140 8+5>*/<>>2-7*2<82>>+5　03132868
	纳税人识别号：124356879					
	地址、电话：长江路518号 86679566					
	开户行及账号：工商银行 372-539					

货物或应税劳务名称	规格型号	单位	数量	单价	金额	税率	税额
甲商品	A8-15	件	3000	50	150000	16%	24000
合计					￥150000		￥24000

价税合计（大写）	壹拾柒万肆仟元整　　（小写）￥174000.00	
销货单位	名称：华南公司	备注
	纳税人识别号：13686735	
	地址、电话：昌平路177号 88550077	
	开户行及账号：工商银行 136-895	

收款人：　　　复核：　　　开票人：陈江　　　销货单位（章）

图 2-3-1　浙江增值税专用发票

上海增值税专用发票

3703156170　　　　　　　　　　　　　　　　　　　No.0028219

发票联　　开票日期：2018年5月15日

购货单位	名称：优品公司				密码区	+2+2*1*7*<9+8+>50849/ /9-8399>226282*45*317 加密原本号：01 -4059/9/+0/573904*<70　2200024140 8+5>*/<>>2-7*2<82>>+5　03132868
	纳税人识别号：124356879					
	地址、电话：长江路518号 86679566					
	开户行及账号：工商银行 372-539					

货物或应税劳务名称	规格型号	单位	数量	单价	金额	税率	税额
乙商品	B6-11	件	2000	30	60000	16%	9600
合计					￥60000		￥9600

价税合计（大写）	陆万玖仟陆佰元整（小写）￥69600.00	
销货单位	名称：海鑫公司	备注
	纳税人识别号：17352450	
	地址、电话：环岛路72号 66381638	
	开户行及账号：招商银行 562164	

收款人：　　　复核：　　　开票人：江林　　　销货单位（章）

图 2-3-2　上海增值税专用发票（海鑫公司）

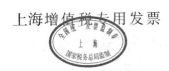

图 2-3-3 上海增值税专用发票（新尚公司）

案例思考

（1）思考经济业务之间的内在联系。

（2）针对案例中的经济业务，做出会计分录。

第一节 采购业务介绍

一、采购过程经济业务

采购过程是指从采购物料商品开始到验收入库止的物料采购过程。在采购过程中，企业以货币购买物料商品，与供应单位发生货款结算。同时，为采购物料商品，还要支付各种采购费用，包括物料商品的运费、包装费、装卸费、挑选整理费和运输途中的合理损耗等。这部分采购费用如果是因同时采购几种物料商品而共同发生的，则需要先将采购费用归集起来，再采用合理的分配标准分配计入各种物料商品的采购成本。物料商品的买价加上采购费用，构成物料商品的采购成本。

二、采购业务的主要核算内容

物料商品货款的结算、采购费用的支付、物料商品采购成本的计算、物料商品验收入库等均为供应过程的主要经济业务，是采购业务的主要核算内容。

第二节 电子商务采购业务介绍

一、电子商务企业的采购

电子商务企业的采购除了采用传统的实体企业交易外，更多的是在电子商务环境下的采购模式，也就是网上采购。通过建立电子商务交易平台，发布采购信息，或主动在网上寻找供应商、寻找产品；然后通过网上洽谈、比价、网上竞价实现网上订货，甚至网上支付货款；最后通过线下的物流过程进行货物的配送，完成整个交易过程。

电子商务的产生使传统的采购模式发生了根本性的变革。这种采购制度与模式的变化，降低了企业的采购成本和库存量，减少了采购人员和供应商数量，加快了资金流转速度。

二、电子商务企业的采购特点

传统企业与电子商务企业在业务形态上有很大区别，以至于对供应商的要求也发生了很大的变化。在以下几个方面，传统企业和电子商务企业存在明显区别。

(一) 库存的周转速度快

电子商务企业往往是先将货物从工厂送到有限的几个仓库里，然后全国所有订单都从这些仓库发货给客户，不需要对数千个门店进行库存的铺货。理论上，库存周转周期可以缩短到这个产品的生产周期。以服装企业为例，大部分电子商务企业的周转期都能控制在 30 天左右。二者的库存周转差异非常大。假设公司准备投入 100 万元货品成本，在传统企业的年周转 5~6 次的库存周转速度下，所能提供的商品货值已经决定了该店铺一年最多做 500 万~600 万元的生意。而对于电子商务企业，其每个月都能周转一次，换句话说，100 万元的货值能够做 12 000 万元的生意，这个差距就非常大了。这也解释了为什么很多电子商务企业的商品利润率比较低，但纯利润却比较高。少赚 10% 的利润，但是相比传统企业，库存周转提高 100%，绝对利润提高了 180%。因此，电子商务供应链的第一要务是库存的周转速度。

(二) 采购订单的下单频次多、单量少

传统企业由于反季节生产（冬季出售的商品一般在夏季已经完成了生产过程），供货周期时间长，所以往往下单的批次比较少，单量比较大，对供应商的响应要求很低。而电子商务企业由于库存周转率快、跟随型开发的特点，供应链追求的是多批次、少批量、快速响应。电子商务企业的采购批次非常频繁，理论上，最小批次间隔时间可以是这个商品本身的生产周期。

针对以频次多、单量少、快速响应为特点的电子商务企业的供应链管理，对供应链提出了非常高的要求，需要供应商反应快速。因为单次下单比较少，故会增加生产成本，特别是在工厂产能把控问题上，如果发生产能不足，那么为了保障正常的销售库存，有时候会被迫让产品在别的工厂生产。此外，哪怕是在同一个工厂下单生产，生产所用的流水线不同、生产工人不同，也会使产品的品质有些许差异，这使得产品的品质很难把控。这就是为什么消费者往往认为电子商务企业生产的产品品质没有线下传统企业生产的产品品质好的一个重要原因。电子商务企业的产品品质把控的难度要比传统企业大得多。

三、电子商务采购模式

采购作为满足社会需求的一种重要手段，对整个社会的生产与生活产生了极其重要的影响。对企业来说，采购直接影响生产经营过程、企业效益，并构成企业竞争力的重要方面。采购也会带来很大的经济风险，存在所谓的"采购黑洞"，如何控制这些漏洞，成了现代企业的一项重要任务。

电子商务采购模式是一种适应时代发展的先进采购模式，具有公开、透明、快捷和低成本等特点，能够有效地避免采购过程中的腐败和风险，提高采购效率。电子商务采购模式作为一种新的采购模式，充分利用了现代网络的开放性、信息的多样性、交易的快捷性和低成本等特点，可以有效地解决企业和政府所面临的这些问题。例如，政府对企业的产品采购就是一种电子商务采购模式，简称"G2B"；企业对企业的电子商务采购模式则简称"B2B"。

在传统采购模式中，采购、供应双方为了各自利益互相封锁消息，进行非对称信息博弈，采购很容易发展成一种盲目行为；供需关系一般为临时或短期行为，竞争多于合作，容易造成"双输"后果；信息交流不畅，无法对供应商产品质量、交货期进行跟踪；响应用户需求的能力不足，无法面对快速变化的市场；利益驱动造成暗箱操作，舍好求次、舍贱求贵、舍近求远，从而产生腐败；设计部门、生产部门与采购部门联系脱节，造成库存积压，占用大量流动资金。

四、电子商务采购的优势

电子商务采购有利于扩大供应商范围、提高采购效率、降低采购成本，产生规模效益。由于电子商务面对的是全球市场，故可以突破传统采购模式的局限，从货比三家到货比多家，在比质、比价的基础上找到满意的供应商，大幅度地降低采购成本，如通过网站信息的共享，可以节省纸张，实现无纸化办公，大大提高采购效率。

电子商务采购有利于提高采购的透明度和促进采购业务程序标准化，实现采购过程的公开、公平、公正，杜绝采购过程中的腐败。由于电子商务是一种不谋面的交易，通过在网站公开采购信息、采购流程这种方式进行交易，避免了交易双方有关人员在私下接触，由计算机根据设定的标准自动完成供应商的选择工作，有利于实现实时监控，避免采购中的漏洞，使采购更透明、更规范。电子商务采购是在对业务流程进行优化的基础上进行的，必须按软件规定的标准流程进行，可以规范采购行为和采购市场，有利于建立一种比较良好的经济环境和社会环境，大大减少采购过程的随意性。

电子商务采购满足企业即时化生产和柔性化制造的需要，缩短采购周期，使生产企业由"为库存而采购"转变为"为订单而采购"。为了满足不断变化的市场需求，企业必须具有针对市场变化的快速反应能力，通过电子商务网站可以快速收集用户订单信息，然后进行生产计划安排，接着根据生产需求进行物资采购或及时补货，即时响应用户需求，降低库存，提高物流速度和库存周转率。

第三节　电子商务采购方式

一、电子商务采购方式

电子商务采购方式多种多样。目前，国际流行的网上采购数据传送途径主要包括以下几种形式：通过电子商务网站招标；人工向供应商打电话或发送书面文件、传真订购；向供应商发送电子邮件订单；向供应商的站点提交订单；与供应商的 ERP 系统进行集成；通过电子交易平台直接交易等。

二、电子商务采购方式分类

（一）按利用计算机网络的程度分类

其可以分为：

（1）完全网上采购，即通过网上电子商务完成采购的全部活动（除运输配送）。

（2）网上和网下相结合采购，即在网上完成部分采购活动，例如发布采购消息、招标公告等，而其他活动（如采购谈判、供应商调查、交易支付等）则在线下进行。

（二）按采购主体分类

其可以分为：

（1）自己网上采购，即企业自己建立网站，进行电子商务采购活动。

（2）代理网上采购，即企业自己不建立网站，而是利用别人的网站进行电子商务采购。

（三）按网上采购的方式分类

其可以分为：

（1）网上查询采购，即由采购商自己登录网站，在网上寻找供应商和所需产品而进行的网上采购。

网上查询采购的一般步骤如下：确定需求；上网查询供应商及商品；实地调查供应商；与选定的供应商接洽，进行采购谈判；签订合同；采购实施。

（2）网上招标采购，即采购商只在网上发布招标公告，由供应商主动投标而进行的采购活动。

网上招标采购的一般过程步骤如下：

（1）建立企业内部网，建立管理信息系统，实现业务数据的计算机管理；建立企业的电子商务网站，在电子商务网站的功能中，应当有电子商务采购功能。

（2）利用电子商务网站和企业内部网络收集企业内部各部门的采购申请。对其企业内部的采购申请进行统计分析，对需要的进行招标采购的项目进行论证，形成招标采购任务。

（3）对网上招标采购任务进行策划和计划。

（4）按照既定的采购计划实施。

第四节 采购业务账务处理

一、采购过程账务处理

（一）"库存商品"账户

"库存商品"账户属于资产类账户，是用来反映和监督企业库存的各种商品的实际成本增减变动及其结存情况的账户。库存商品是指企业已完成全部的生产过程并已验收入库、可以作为商品对外销售的产品。该账户的借方登记购入并已验收入库的商品的实际成本，贷方登记因销售等原因发出的库存商品的实际成本，余额在借方，表示期末库存商品的实际成本。该账户应按库存商品的种类、品种和规格设置明细分类账，进行明细分类核算。"库存商品"账户的核算内容及结构，可用图2-3-4表示。

借方	库存商品	贷方
期初余额：期初库存商品的实际成本		
本期购入并已验收入库的商品的实际成本		本期因销售等原因发出的库存商品的实际成本
期末余额：期末库存商品的实际成本		

图2-3-4 "库存商品"账户的核算内容及结构

（二）"银行存款"账户

"银行存款"账户属于资产类账户，用以核算和反映企业存入银行或其他金融机构的各种存款。该账户的借方反映企业存款的增加，贷方反映企业存款的减少，期末借方余额反映企业期末银行存款的数额。企业应严格按照制度的规定进行核算和管理。该账户应按开户银行和其他金融机构、存款种类等设置明细分类账。该账户的核算内容及结构如图 2-3-5 所示。

借方	银行存款	贷方
期初余额：期初银行存款数额		
本期收入的银行存款数额		本期支出的银行存款数额
期末余额：期末银行存款的数额		

图 2-3-5　"银行存款"账户的核算内容及结构

(三) "应付账款"账户

"应付账款"账户属于负债类账户，用以核算企业购买材料物资和接受劳务供应等应付给供应单位的款项。该账户的贷方登记企业应付未付的购货款，借方登记已偿付或抵付的货款，期末贷方余额表示期末尚未偿付或抵付的购货款。该账户应按供应单位设置明细分类账。该账户的核算内容及结构如图 2-3-6 所示。

借方	应付账款	贷方
		期初余额：期初尚未偿付或抵付的货款
本期已偿付或抵付的购货款		本期应付未付的购货款
		期末余额：期末尚未偿付或抵付的货款

图 2-3-6　"应付账款"账户的核算内容及结构

(四) "应付票据"账户

"应付票据"账户属于负债类账户，用以核算企业对外发生债务时所开出、承兑的商业汇票。商业汇票是收款人或付款人（或承兑申请人）签发，由承兑人承兑，并于到期日向收款人或被背书人支付款项的票据。按承兑人不同，商业汇票又分为商业承兑汇票和银行承兑汇票。"应付票据"账户的贷方登记企业开出的、尚未到期的商业汇票票面金额，借方登记到期已承兑的商业汇票票面金额。期末贷方余额反映企业期末尚未到期的商业汇票的票面金额。企业应设置"应付票据备查簿"，详细登记每一应付票据的种类、号数、签发日期、到期日、票面金额、合同交易号、收款人姓名或单位名称以及付款日期和金额等详细资料。该账户的核算内容及结构如图 2-3-7 所示。

借方	应付票据	贷方
		期初余额：期初尚未到期的商业汇票的票面金额
到期已承兑的商业汇票票面金额		开出的尚未到期的商业汇票票面金额
		期末余额：期末尚未到期的商业汇票的票面金额

图 2-3-7　"应付票据"账户的核算内容及结构

（五）"应交税费"账户

"应交税费"账户属于负债类账户，用以核算企业按照税法等规定计算应缴纳的各种税费。该账户贷方登记本期应缴纳的各种税费，借方登记本期实际缴纳的各种税费，期末贷方余额反映期末应交但尚未缴纳的各种税费，如果期末出现借方余额，则表示企业多交或尚未抵扣的税费。该账户应按税费的项目设置明细分类账，进行明细分类核算。该账户的核算内容及结构如图 2－3－8 所示。

借方	应交税费	贷方
	期初余额：期初应缴未缴纳的各种税费	
本期实际缴纳的各种税费	本期应缴纳的各种税费	
	期末余额：期末应缴但尚未缴纳的各种税费	

图 2－3－8　"应交税费"账户的核算内容及结构

二、引例分析

（1）优品公司向华南公司购进甲商品 3 000 件，增值税专用发票注明单价为 50 元，计买价为 150 000 元，进项税额为 24 000 元，款项以银行存款支付。商品已验收入库。

该项经济业务发生，引起资产要素内部发生增减变化。一方面，企业为采购商品支付的价款 150 000 元引起资产要素中的成本增加，并按照专用发票记载的应计入采购成本的金额借记"库存商品"账户，同时，连同价款一并支付的增值税款 24 000 元，应按照专用发票上注明的增值税额，借记"应交税费——应交增值税（进项税额）"账户；另一方面，由于货款已付，企业资产要素中的银行存款减少了 174 000 元，故应贷记"银行存款"账户。会计分录如下：

借：库存商品——甲商品　　　　　　　　　　　　　　150 000
　　应交税费——应交增值税（进项税额）　　　　　　 24 000
　贷：银行存款　　　　　　　　　　　　　　　　　　　174 000

根据会计分录登记的"T"形账户，如图 2－3－9 所示。

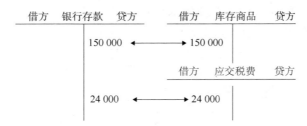

图 2－3－9　根据"银行存款"账户、"库存商品"账户和"应交税费"账户登记的"T"形账户

（2）从海鑫公司购进乙商品 2 000 件，增值税专用发票注明单价为 30 元，计买价为 60 000 元，进项税额为 9 600 元，货款未付，商品已入库。

该项业务表明，企业购买的乙商品共计 60 000 元，进项税额 9 600 元，应借记"库存商品"账户，借记"应交税费——应交增值税（进项税额）"账户，此外，由于货款未付，故应贷记"应付账款——海鑫公司"账户。其会计分录如下：

借：库存商品——乙商品　　　　　　　　　　　　　60 000
　　应交税费——应交增值税（进项税额）　　　　　　9 600
　　贷：应付账款——海鑫公司　　　　　　　　　　　69 600

根据会计分录登记"T"形账户，如图 2-3-10 所示。

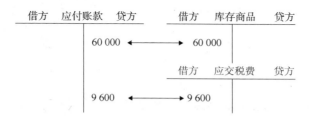

图 2-3-10　根据"应付账款"账户、"库存商品"账户和"应交税费"账户登记的"T"形账户

（3）从新尚公司购进丙商品 1 000 件，增值税专用发票注明单价 8 元，计买价 8 000 元，进项税额 1 280 元，货款未付，商品已入库。

借：库存商品——乙商品　　　　　　　　　　　　　8 000
　　应交税费——应交增值税（进项税额）　　　　　　1 280
　　贷：应付账款——海鑫公司　　　　　　　　　　　9 280

【课外实务操作】

根据案例中的经济业务编制凭证，并登记账簿。

第四章

销售业务

【知识目标】

◇ 了解企业销售过程的经济业务类型；
◇ 熟悉电子商务企业中不同销售方式的定价策略；
◇ 了解企业在销售过程中产生的税金；
◇ 掌握销售业务过程中的经济业务的会计核算。

【技能目标】

◇ 通过对销售业务的学习，培养学生基本的会计核算能力；
◇ 培养学生对电子商务企业不同销售方式和定价技巧的应用能力。

课前思考

近年来，以淘宝为代表的电子商务企业借助"双十一"这一颇具"无厘头"色彩的节日强势推出营销活动，仅在2017年11月11日，淘宝与天猫的总销售额就高达1 207亿元。国家统计局公布的数据显示，2017年12月国内全年社会消费品零售总额为332 316亿元，以平均每日零售额910亿元计算，在2017年"双十一购物狂欢节"，淘宝的单日销售总额是全国一天社会消费品零售总额的1.33倍。迅速崛起的网络购物节成为广大消费者的购物狂欢日。在近日召开的一场有专家、学者和企业家出席的经济形势座谈会上，国务院总理李克强称赞"双十一购物狂欢节"创造了一个消费时点，同时还饶有兴致地谈到自己对网络购物的关注。作为一种新型的经济形态，我们乐见"双十一购物狂欢节"的影响力与日俱增，但与此同时，也应该引起我们对电子商务销售方式的思考。

(1) 作为电子商务人员,你了解的销售方式和促销活动有哪些?
(2) 不同的打折让利促销方式,对计算税金有什么影响?
(3) 在销售商品时,需要考虑哪些定价因素?

销售是电子商务企业经营过程的重要阶段,主要任务是将商品销售出去,以满足社会需要,取得销售收入,使企业的经营管理耗费得到补偿,并实现企业的盈利目标。销售过程中涉及的经济业务主要有以下几个方面:
(1) 售出产品,并确认实现的销售收入。
(2) 与购货单位办理价款结算。
(3) 支付各项销售费用。
(4) 结转产品的销售成本。
(5) 计算应向国家缴纳的销售税金及附加费。
(6) 确定其销售的经营成果。

如图2-4-1所示,为电子商务企业商品销售业务的核算流程。

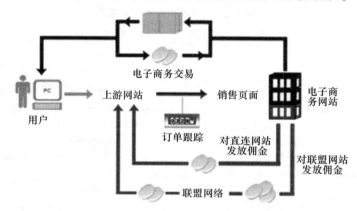

图2-4-1 电子商务企业商品销售业务的核算流程

【导入案例】

(1) 5月20日,优品公司销售给前湾公司甲商品1 200件,每件售价100元,共计价款120 000元;乙商品1 000件,每件售价60元,共计价款60 000元。应收取增值税28 800(180 000×16% =28 800)元,款项收到,并存入银行存款账户如图2-4-2所示。如图2-4-3所示,为优品公司开具增值税专用发票。

(2) 5月22日,优品公司向诺亚公司销售甲商品800件,每件售价100元,共计价款80 000元;丙商品600件,每件售价20元,共计价款12 000元。应收取增值税14 720(92 000×16% =14 720)元。如图2-4-4所示,为优品公司向诺亚公司开具的增值税专用发票。优品公司收到期限为三个月、票面金额为106 720元的不带息商业汇票一张。

中国工商银行进账单（收账通知）

委托日期 2018 年 5 月 20 日　　　　　　　第 2089 号

付款人	全称	前湾公司	收款人	全称	优品公司
	账号	333572		账号	372-539
	开户行	建设银行		开户行	工商银行

人民币贰拾万捌仟捌佰元整（大写）	百	十	万	千	百	十	元	角	分
	¥	2	0	8	8	0	0	0	0

票据种类		转支
票据张数	1	凭证张数

中国工商银行 青岛支行 收款人开户行盖章 转讫章

主管会计复核记账

图 2-4-2　优品公司的银行进账单

青岛增值税专用发票

3703157835　　　　　　　　　　　　　　No.0073216

开票日期：2018 年 5 月 20 日

购货单位	名称：前湾公司	密码区	+2+2*1*7*<9+8+>50849/ /9-8399>226282*45*317　加密原本号：01 -4059/9/+0/573904*<70　　2200024140 8+5>*/<>>2-7*2<82>>+5　　03132868
	纳税人识别号：127543876		
	地址、电话：团结路 521 号 86756522		
	开户行及账号：建行 333-572		

货物或应税劳务名称	规格型号	单位	数量	单价	金额	税率	税额
甲商品	A8-15	件	1200	100	120000	16%	19200
乙商品	B6-11	件	1000	60	60000	16%	9600
合计					¥180000		¥28800

价税合计（大写）	贰拾万捌仟捌佰元整（小写）¥208800.00

销货单位	名称：优品公司	备注	青岛优品有限公司 123456789 发票专用章
	纳税人识别号：124356879		
	地址、电话：长江路 518 号 86679566		
	开户行及账号：工商银行 372-539		

收款人　　　复核　　　开票人：徐娜　　　销货单位（章）

图 2-4-3　优品公司开具的增值税专用发票

（3）1 月 24 日，优品公司销售给珠山公司乙商品 500 件，每件售价 60 元，共计价款 30 000 元，应收取增值税 5 100（30 000×16%＝4 800）元。收到支付宝付款，尚未确认收货。如图 2-4-5 所示，为优品公司向珠山公司开具的增值税专用发票。

青岛增值税专用发票

3703157836　　　　　　　　　　　　　　　　　　　　　　No.0073217

开票日期：2018年5月22日

购货单位	名称：诺亚公司
	纳税人识别号：116543326
	地址、电话：衡山路61号 82457890
	开户行及账号：中行121-797

密码区：
+2+2*1*7*<9+8+>50849/
/9-8399>226282*45*317　加密原本号：01
-4059/9/+0/573904*<70　2200024140
8+5>*/<>>2-7*2<82>>+5　03132868

货物或应税劳务名称	规格型号	单位	数量	单价	金额	税率	税额
甲商品	A8-15	件	800	100	80000	16%	12800
丙商品	C5-05	件	600	20	12000	16%	1920
合计					¥92000		¥14720

价税合计（大写）　壹拾万陆仟柒佰贰拾元整　（小写）¥106720.00

销货单位	名称：优品公司
	纳税人识别号：124356879
	地址、电话：长江路518号 86679566
	开户行及账号：工商银行372-539

收款人：　　　复核：　　　开票人：徐娜　　　销货单位（章）

图2-4-4　优品公司向诺亚公司开具的增值税专用发票

青岛增值税专用发票

3703157837　　　　　　　　　　　　　　　　　　　　　　No.0073218

开票日期：2018年5月24日

购货单位	名称：珠山公司
	纳税人识别号：175612309
	地址、电话：珠江路57号 86665520
	开户行及账号：工商银行232-611

密码区：
+2+2*1*7*<9+8+>50849/
/9-8399>226282*45*317　加密原本号：01
-4059/9/+0/573904*<70　2200024140
8+5>*/<>>2-7*2<82>>+5　03132868

货物或应税劳务名称	规格型号	单位	数量	单价	金额	税率	税额
乙商品	B6-11	件	500	60	30000	16%	4800
合计					¥30000		¥4800

价税合计（大写）　叁万肆仟捌佰元整　（小写）¥34800.00

销货单位	名称：优品公司
	纳税人识别号：124356879
	地址、电话：长江路518号 86679566
	开户行及账号：工商银行372-539

收款人：　　　复核：　　　开票人：徐娜　　　销货单位（章）

图2-4-5　优品公司向珠山公司开具的增值税专用发票

（4）5月31日，某公司结转本月已销商品成本，甲商品每件成本50元，乙商品每件成本30元，丙商品每件成本8元。经查，本月销售甲商品2 000件，乙商品 1 500 件，丙商品 600 件。如表 2 - 4 - 1 所示，为产品发出汇总。

表 2 - 4 - 1 产品发出汇总

2018 年 5 月 31 日

序号	产品名称	规格	计量单位	数量	单价	金额	备注
	甲商品		件	2 000	50		
	乙商品		件	1 500	30		
	丙商品		件	600	8		
	合计						

（5）1 月 31 日，按增值税税收有关规定，某公司本月应该缴纳的增值税为 13 440 元，计算应交城市维护建设税和教育费附加。

案例思考

（1）电子商务企业第三方平台的收款方式有哪些？

（2）根据案例对本月的销售业务做出会计分录。

第一节　收入、成本核算

一、电子商务企业的销售方式

电子商务企业在销售商品、提供劳务及让渡资产使用权等日常活动中形成的经济利润的总流入包括销售商品收入、劳务收入、利息收入、使用费收入、租金收入、股利收入等，但不包括为第三方或客户代收的款项。

在会计核算中，要对收入进行准确的确认和计量。收入确认即收入在什么时间入账；收入计量即收入以多少金额入账。商品销售必须同时具备以下五个条件，才能确认为收入 。

（1）商品所有权上的主要风险和报酬已转移给购货方。

（2）企业已经失去了与所有权相联系的继续管理权和控制权。

（3）收入的金额能够可靠计量。

（4）与交易相关的经济利益能够可靠地流入销售企业。

（5）相关的成本能够可靠计量。

为销售自己的商品，电子商务企业除了采取传统的商业折扣、现金折扣、实物折扣等方式外，还广泛采用满额即送、优惠券、积分抵扣、会员折扣等销售方式来刺激消费者心理需求，提高销量。

1. 商业折扣

商业折扣是指企业根据市场供需情况，或针对不同的消费者，在商品标价上给予的让利。商业折扣是企业最常用的促销方式之一。企业为了扩大销售、占领市场，往往会给予批发商一定的商业折扣，采用销量越多、价格越低的促销策略，也就是我们通常所说的"薄利多销"。例如，购买 5 件，销售价格折扣 5%；购买 10 件，销售价格折扣 10% 等。其特点是在实现销售的同时发生折扣。

企业会计制度规定，对于采用商业折扣方式销售的货物，企业应按最终成交价格进行商品收入的计量，即按照折扣后的净额确认销售收入。例如，A 企业向 B 公司销售商品，不含税售价 200 万元，增值税率 16%，由于购货量大，双方商定 9 折销售，即给予 10% 的商业折扣。此时，销售时直接扣除商业折扣后入账主营业务收入 180［200 ×（1 - 10%）= 180］万元。

> 拓展知识

小知识——商业折扣的税务处理

企业销售商品涉及商业折扣的，应当按照扣除商业折扣后的金额确定销售商品收入金额。《国家税务总局关于折扣额抵减增值税应税销售额问题通知》（国税函［2010］56 号）明确说明，销售额和折扣额在同一张发票上分别注明是指销售额和折扣额在同一张发票上的"金额"栏分别注明的，可按折扣后的销售额征收增值税。未在同一张发票"金额"栏注明折扣额，而仅在发票的"备注"栏注明折扣额的，折扣额不得从销售额中减除。

2. 现金折扣

（1）赊销。现金折扣源于赊销货物，赊销是信用销售的俗称。赊销是以信用为基础的销售，卖方与买方签订购货协议后，卖方让买方取走货物，而买方按照协议在规定日期付款或以分期付款的形式付清货款的过程。赊销使商品的让渡和商品价值的实现在时间上分离开来，使货币由流通手段转变为支付手段。它实质上是一种提供信用的形式。赊销商品使卖者成为债权人，买者成为债务人，这种债务关系是在商品买卖过程中产生的。商品发出后，所有权发生了转移，商品的销售已完成，双方产生债权债务关系和其他民事关系。

对卖方来讲，赊销在表面上显得有些迫不得已。任何一家卖方都希望现金交易，即一手交钱，一手交货，既无风险，又可尽快回笼资金。然而，面对竞争日趋激烈的市场，企业又不得不接受对它来说看似苛刻的条件——赊销。其实仔细分析，赊销对于卖方并非全都是弊端，正像所有的事物都有正、反两方面一样，赊销对卖方也存在有利的一面。

首先，赊销能够刺激购买力。对于那些资金暂时有困难的买方，赊销无疑具有强大的诱惑力。例如，商品流通行业经常推出的"分期付款"，使销售数量明显增加，就充分说明了这一点。

其次，赊销能够提高卖方的竞争力。一家有能力赊销的企业显然比没有能力赊销的企业更有市场竞争力。如果企业有雄厚的资金作后盾，那么它就有条件对客户进行赊销，经受得起由赊销带来的资金周转负担。

再次，赊销能够起到稳定客户的作用。对信誉好、实力强的客户以赊销作为优惠条件，为保持长期稳定的客户关系提供了保障。对相互了解而又暂时没钱的老客户进行赊销，帮助其缓解资金周转困难，客户会因此而加深与供应商的"感情"，今后将更倾向与其从事交易。

最后，赊销能够减少企业的库存。目前，很多企业的产品积压严重，资金大量占用，无法变现，在很大程度上阻碍了企业的发展，有些企业甚至面临破产倒闭的危险。赊销虽然不能使企业的资金马上回笼，但是起码使其成为可能。

（2）现金折扣。现金折扣是指债权人为鼓励债务人在规定的期限内付款而向债务人提供的债务扣除。从上述分析中我们了解到，为适应竞争需要，适时采用赊销方式可弥补"现销"的不足。而且，从商品流通的角度来看，赊销在强化企业市场地位、扩大销售收益、节约存货资金占用、降低存货管理成本等方面也有着"现销"无法比拟的优势。但是，从另外一个角度来看，赊销会产生应收账款问题、坏账问题，有一定的风险；同时，这部分应收款项因被客户占用而无法投入运营而增值，从而形成机会损失，而且企业还得为之付出一定的管理费用。为及早的回笼货款，企业销售商品往往涉及现金折扣，现金折扣应当按照扣除现金折扣前的金额确定销售商品的收入金额。

拓展知识

小知识——现金折扣的会计处理

在目前的会计实务中，在有现金折扣的条件下，企业发生的应收账款须采用总价法入账，发生的现金折扣作为财务费用处理。单从税法的角度来看，这种方法可防止企业因采用净价法入账减少销售额而逃避纳税。

3. 实物折扣

实物折扣是指销货方在销售过程中，当购买方购买货物时配送、赠送一定数量的货物。可见，实物折扣的实质是以"货物"取代"价格"的商业折扣，即以赠送货物取代价格折让的商业折扣。一般情况下，实物折扣有以下几种形式：买一赠一、买三赠一等降价销售；捆绑销售（送同类不同型号产品、送非同类产品）；赠送小礼品；有奖销售等。

在企业中，对于实物折扣的会计处理方法有很多种。常见处理是将赠送实物的成本作为业务宣传费处理；将商品实物和赠送实物的降价销售，按照公允价值的比例分摊计算收入。

实物折扣其实质是一种商业折扣，其会计处理应该按照《企业会计准则第 14 号——收入》第七条规定进行处理。另外，《中华人民共和国税法》（以下简称《税法》）明确规定，折扣销售（也就是会计中的商业折扣）仅限于货物价格的折扣。如果销货方将自产、委托加工和购买的货物用于实物折扣，则应依据《增值税暂行条例及实施细则》的有关规定，将其视同销售货物来计算增值税。

4. 满额即送

满额即送是刺激消费者购买更多商品的有力手段。一般情况下，买家购买商品组合满足优惠额度（即满额即送的最低额度），可以理解为多个商品的降价销售，多个商品收入按照公允价值的比例分摊计算；如果买家购买一个商品就达到了优惠额度，那么其会计处理与折扣销售类似。例如，商品 A、B、C 的原价分别为 200 元、150 元、150 元。若电子商务企业推出"满 500 元减 50 元"的活动，则此时 A、B、C 三件商品的共计销售金额为 200 + 150 + 150 − 50 = 450（元），按照原价比例分摊收入，则：A 商品应确认收入 =（450 × 200/500）/1.16 ≈ 155.17（元）；B 商品应确认收入 =（450 × 150/500）/1.16 ≈ 116.38（元）；C 商品应确认收入 =（450 × 150/500）/1.16 ≈ 116.38（元）。

二、电子商务企业产品定价

产品定价是电子商务企业经营中面临的又一重要问题。一方面，价格的高低影响利润；另一方面，由于存在竞争，价格还影响销售量。确定合理的价格是企业实现最佳经济效益的保证。价格的制定受定价目标、定价决策和定价方法的影响，除了借助一定方法的定量分析外，还要结合企业自身的实践经验和市场状况进行定性分析。

（一）定价目标

定价目标是企业在对其生产或经营的产品制定价格时，有意识地要求达到的目的和标准。它是指导企业进行价格决策的主要因素。定价目标取决于企业的总体目标。不同行业的企业，同一行业的不同企业以及同一企业在不同的时期、不同的市场条件下，都可能有不同的定价目标。

1. 以利润最大化为定价目标

利润最大化目标是指企业追求在一定时期内获得最高利润额的一种定价目标。利润最大化取决于合理价格所推动的销售规模，因而追求最大利润的定价目标并不意味着企业要制定最高单价。最大利润既有长期和短期之分，又有企业全部产品和单个产品之别。有远见的企业经营者，都着眼于追求长期利润的最大化。当然并不排除在某种特定时期及情况下，对其产品制定高价以获取短期最大利润。还有一些多品种经营的企业，经常使用组合定价策略，即有些产品的价格定得比较低，有时甚至低于成本以招揽消费者，借以带动其他产品的销售，从而使企业利润最大化。

2. 以提高市场占有率为定价目标

市场占有率目标也称为市场份额目标，即把保持和提高企业的市场占有率（或市场份额）作为一定时期的定价目标。市场占有率是企业的经营状况和企业产品在市场上的竞争能力的直接反映，关系到企业的兴衰存亡。较高的市场占有率可以保证企业产品的销路，巩固企业的市场地位，从而使企业的利润稳步增长。通常有定价由低到高和定价由高到低两种做法。定价由低到高就是在保证产品质量和降低成本的前提下，企业产品刚进入市场时的定价要低于市场上主要竞争者的价格，以低价争取消费者，打开产品销路，挤占市场，从而提高企业产品的市场占有率。待该产品占领市场后，企业再通过增加产品的某些功能，或提高产品的质量等措施来逐步提高产品的价格，旨在维持一定市场占有率的同时获取更多的利润。定价由高到低就是对一些竞争尚未激烈的产品，其刚进入市场时的定价可高于竞争者的价格，利用消费者的求新心理，在短期内获取较高利润。待竞争激烈时，企业可适当调低价格，赢得主动，扩大销量，提高市场占有率。

此外，企业还有实现预期的投资回收率、实现销售增长率、适应价格竞争、稳定价格维护企业形象、履行社会责任等定价目标。

(二) 定价策略

电子商务企业的定价策略可以归纳为以下三种类型。

1. 价格体系策略

（1）建立一个新的品牌，并专门用于网上交易。新的品牌对应一套新的价格体系，并且结合新的会员体制、积分系统等来辅助价格。这种方式比较适合大型的集团型企业，集团本身知名度很高，基于已有的、知名度很高的品牌来推广新的电子商务品牌比较容易。

（2）采用相同的价格体系，但采用赠送积分作为价格差异。在网上交易，可以得到额外的积分，可以通过积分兑换礼品或者将积分作为现金进行支付。由于采用同样的价格体系，所以不会对实体交易造成冲击，而积分的存在鼓励了网上交易和重复购买。

（3）采用相同的价格体系，但是实体店只挂样板。例如IWODE男装，就是采用这种模式。实体店和网店是采用共同的价格体系，但是实体店只提供样板和现场为客户量身材、取得客户数据，所有产品依然需要定制。

（4）网上交易采用统一交货价，有别于实体店价格。由于网上销售的订单总价需要加上运费，对于标的小的产品，运费所占的比例就会很高，而额外的运费可能会使消费者放弃购买，所以可以考虑对所有区域的消费者采用统一的含运费售价。当然，这其实是让距离近的消费者承担了距离远的消费者的部分运费，所以比较符合距离远的消费者的利益。

2. 刺激性定价策略

电子商务企业网上交易有其方便性,但是国人对其的接受度相比欧美还是较低,所以需要更多的刺激性定价策略来促进网上销售。

(1) 拍卖式定价。如淘宝、京东商城、易趣等,都有拍卖式的商品,采用拍卖式定价的目的更多的是吸引眼球,增加商家人气。

(2) 团购式定价。利用电子商务的技术优势实现网上团购业务,团购的价格一般较建议零售价低,对于时间紧迫性不高的消费者比较有吸引力。

(3) 抢购式定价。设置具有时效性和数量限制的促销活动,刺激消费者消费。

(4) 与产品未来利润增长挂钩的持续回报式定价。对价格波动比较大的产品进行报价返利措施,让消费者放心购买。例如,某款手机的定价为 3 000 元,商家承诺,如果两周内价格波动发生变化,将补偿差价给消费者。

(5) 会员积分式定价。将会员等级和积分进行挂钩,会员等级越高得到的额外折扣越多,并且积分可以作为现金使用,如 1 元送 1 积分,100 积分相当 5 元,则相当于额外给了 5 折。会员积分制度有助于培养老客户,而根据 80/20 理论(在现代管理理论中,店铺 80% 的利润来自 20% 的客户,这些客户就是店铺的 VIP 客户)和研究,一个电子商务网站的八成营业额是由其中两成客户提供的,可见老客户的重要性。

3. 新品定价策略

(1) 撇脂定价法。该定价法适合全新的、技术领先、需求价格弹性小的产品。刚上市时采用高价位,尽快收回成本,并留下足够的降价空间。然后在出现竞争者后,逐步降低价格。

(2) 市场渗透定价法。市场渗透定价法是以一个较低的产品价格打入市场,目的是在短期内加速市场成长,牺牲高毛利以期获得较高的销售量及市场占有率。该方法适合市场需求量大、价格敏感度高、大量生长能够产生显著经济效益的产品。

(3) 满意定价法,也称均匀定价法。这是一种中价策略,即在新产品刚进入市场的阶段,将价格定在介于高价和低价之间,力求使买卖双方均感满意。均匀定价法适用于需求价格弹性较小的生活必需品。

此外,电子商务企业还有个性化定价、捆绑定价、版本定价、高位定价等灵活多样的定价策略。

拓展知识

小知识——灵活的定价策略

个性化定价。在电子商务时代,能够做到"一对一"的个性化生产,那么个性化定价策略也就随之出现。

　　捆绑定价。如对计算机软件这类产品进行捆绑定价，因为这类产品组合在一起工作的效果是有保障的。另外，捆绑定价有利于推广新产品或扩大市场份额。

　　版本定价。如计算机软件、音乐与游戏、电子报纸、学术期刊等信息产品就适合使用该方法。这些产品能以数字形式储存并以相当低的成本在网上传递。信息产品的成本特征是生产非常昂贵，但复制相当便宜，即信息产品生产具有高固定成本和接近于零的边际成本。

　　高位定价。高位定价策略往往适合于在产品进入成熟期前。当产品能满足一些人的特殊需要时，也可以实现高位定价。

三、收入、成本的账务处理

（一）账户设置

1. "主营业务收入"账户

"主营业务收入"账户属于损益类账户，用以核算企业销售商品、提供劳务及让渡资产所有权等主营业务所取得的收入。企业销售商品、提供劳务及让渡资产所有权等取得的收入数额计入该账户的贷方，期末实现的主营业务收入转入"本年利润"账户的数额及销售退回应冲减的收入，计入该账户的借方，期末结转后无余额。"主营业务收入"账户应该按商品类别设置明细分类账，进行明细分类核算。该账户核算的内容及结构可用图 2-4-6 表示。

借方	主营业务收入	贷方
期末实现的主营业务收入转入"本年利润"账户的数额及销售退回应冲减的收入		企业销售商品、提供劳务及让渡资产所有权等取得的收入数额

图 2-4-6　"主营业务收入"账户核算的内容及结构

2. "主营业务成本"账户

"主营业务成本"账户属于损益类账户，用以核算企业因销售商品、提供劳务或让渡资产使用权等营业活动而发生的实际成本。企业已销售商品的生产成本、提供的各种劳务成本计入该账户借方，贷方登记期末销售退回和转入"本年利润"账户的、已销售商品的成本的数额，结转后该账户应无余额。该账户应按照商品类别（或劳务）设置明细账，进行明细分类核算。该账户核算的内容及结构可用图 2-4-7 表示。

借方	主营业务成本	贷方
本期已销售商品的生产成本、提供的各种劳务成本		期末销售退回和转入"本年利润"账户的、已销售商品的成本的数额

图 2-4-7　"主营业务成本"账户核算的内容及结构

3. "税金及附加"账户

"税金及附加"账户属于损益类账户,用以反映和监督应由销售产品和提供劳务等负担的各种税金及附加,包括消费税、资源税、城市维护建设税和教育费附加等。该账户借方登记按照规定的标准计算出的、本期应由主营业务负担的各种税金及附加"本年利润"账户的数额;贷方登记期末转入"本年利润"账户的税金及附加,结转后该账户无余额。该账户应按税种设置明细分类账,进行明细分类核算。该账户的核算内容及结构可用图2-4-8表示。

借方	税金及附加	贷方
本期应由主营业务负担的各种税金及附加"本年利润"账户的数额		期末转入"本年利润"账户的税金及附加

图2-4-8 "税金及附加"账户的核算内容及结构

4. "应收账款"账户

"应收账款"账户属于资产类账户,是用来反映和监督企业因销售商品、提供劳务等经营活动应向购买单位或接受劳务单位收取货款结算情况的账户。该账户借方登记企业发生的应收款项,包括由于销售产品而发生的应收款项,以及代购货单位垫付的包装费、运杂费等,贷方登记本期已收回的应收款项,期末余额在借方,表示期末尚未收回的应收款项,该账户应按债务单位设置明细分类账,进行明细分类核算。该账户的核算内容及结构可用图2-4-9表示。

借方	应收账款	贷方
期初余额:期初尚未收回的应收款项		
本期发生的应收款项		本期已收回的应收款项
期末余额:期末尚未收回的应收款项		

图2-4-9 "应收账款"账户的核算内容及结构

5. "应收票据"账户

"应收票据"账户属于资产类账户。在销售产品、提供劳务时,如果购买单位是用商业承兑汇票或银行承兑汇票结算货款时,则企业应设置"应收票据"账户,以反映和监督与购买单位开出的商业汇票的结算情况。企业收到购买单位开出的票据,表明企业应收票据款项增加,应借记"应收票据"账户,汇票到期收回购买单位款项,表明企业应收票据款项减少,应贷记"应收票据"账户,期末账户如有余额,应为借方余额,表示期末尚未到期的商业汇款数额。该账户应按开出承兑商业汇票的单位设置明细分类账,进行明细分类核算。为了了解每一应收票据的结算情况,企业应设置"应收票据备查簿",逐笔登记每一应收票据的详细资料,应收票据到期结清票款后,应在该备查簿内逐笔注销。该账户的核算内容及结构可用图 2 – 4 – 10 表示。

借方	应收票据	贷方
期初余额：期初尚未到期的商业汇票数额		
本期收到的商业汇票票面数额	本期收回的、已到期兑现的商业汇票数额	
期末余额：期末尚未到期的商业汇票数额		

图 2 – 4 – 10 "应收票据"账户的核算内容及结构

6. "其他货币资金"账户

"其他货币资金"账户属于资产类账户，是用来反映和监督企业除了库存现金、银行存款以外的各种货币资金。其主要包括银行汇票存款、银行本票存款、信用卡存款、外埠存款等。该账户借方登记本期增加的其他货币资金，贷方登记本期减少的其他货币资金，期末余额在借方，表示期末持有的其他货币资金，该账户应按货币资金形式设置明细分类账，进行明细分类核算。该账户的核算内容及结构可用图 2 – 4 – 11 表示。

借方	其他货币资金	贷方
期初余额：期初其他货币资金		
本期增加的其他货币资金	本期减少的其他货币资金	
期末余额：期末持有的其他货币资金		

图 2 – 4 – 11 "其他货币资金"账户的核算内容及结构

（二）引例分析

1. 销售给前湾公司甲商品 1 200 件，每件售价 100 元，共计价款 120 000 元；乙商品 1 000 件，每件售价 60 元，共计价款 60 000 元。应收取增值税 28 800（180 000 × 16% = 28 800）元款项已收到，并存入银行存款账户。

这项经济业务的发生使资产、收入及负债三个要素发生增减变化。一方面使企业资产要素中银行存款增加 208 800（180 000 + 28 800 = 208 800）元，应计入"银行存款"账户的借方；另一方面使企业收入要素中主营业务收入增加 180 000 元，使负债要素中的应交增值税增加 28 800 元。其中，已实现的商品销售收入，表明收入增加，应计入"主营业务收入"账户的贷方，应交增值税的增加属于负债的增加，应计入"应交税费——应交增值税（销项税额）"账户的贷方。这项业务应编制如下会计分录：

借：银行存款　　　　　　　　　　　　　　　　208 800
　　贷：主营业务收入——甲商品　　　　　　　　120 000
　　　　　　　　　　——乙商品　　　　　　　　 60 000
　　　　应交税费——应交增值税（销项税额）　　 28 800

2. 向诺亚公司销售甲商品 800 件，每件售价 100 元，共计价款 80 000 元；丙商品 600 件，每件售价 20 元，共计价款 12 000 元。应收取增值税 14 720（92 000×16% =14 720）元。收到期限为三个月、票面金额为 106 720 元、不带息的商业汇票一张。

这项经济业务发生使资产、收入及负债三个要素发生增减变化。一方面使企业资产要素中应收票据增加 106 720（92 000 + 14 720 = 106 720）元，应计入"应收票据"账户的借方；另一方面使企业收入要素中的主营业务收入增加 92 000 元，使负债要素中的应交增值税增加 4 720 元。其中，已实现的商品销售收入表示收入增加，应计入"主营业务收入"账户的贷方，应交增值税的增加属于负债的增加，应计入"应交税费——应交增值税（销项税额）"账户的贷方。这项业务应编制如下会计分录：

借：应收票据——诺亚公司　　　　　　　　　　　　106 720
　　贷：主营业务收入——甲商品　　　　　　　　　　　 80 000
　　　　　　　　　　——丙商品　　　　　　　　　　　 12 000
　　　　应交税费——应交增值税（销项税额）　　　　　 14 720

3. 销售给珠山公司乙商品 500 件，每件售价 60 元，共计价款 30 000 元，应收取增值税 4 800（30 000×16% =4 800）元。收到支付宝付款，尚未确认收货。

这项经济业务的发生使资产、收入及负债三个要素发生增减变化。一方面使企业资产要素中的其他货币资金增加 34 800（30 000 +4 800 = 34 800）元，应计入"其他货币资金"账户的借方；另一方面使企业收入要素中的主营业务收入增加 30 000 元，使负债要素中的应交增值税增加 4 800 元。其中，已实现的商品销售收入表示收入增加，应计入"主营业务收入"账户的贷方，应交增值税的增加属于负债的增加，应计入"应交税费——应交增值税（销项税额）"账户的贷方。这项业务应编制如下会计分录：

借：其他货币资金——支付宝资金　　　　　　　　　　34 800
　　贷：主营业务收入——乙商品　　　　　　　　　　　 30 000
　　　　应交税费——应交增值税（销项税额）　　　　　 4 800

客户在收到商品确认付款时，支付宝资金转入"银行存款"账户，此时应编制如下会计分录：

借：银行存款　　　　　　　　　　　　　　　　　　　34 800
　　贷：其他货币资金——支付宝资金　　　　　　　　　 34 800

4. 结转本月已销商品成本，甲商品每件成本 50 元，乙商品每件成本 30 元，丙商品每件成本 8 元。经查，本月销售甲商品 2 000 件，乙商品 1 500 件，丙商品 600 件。

该项经济业务的发生使费用和资产两个要素发生增减变化。一方面使费用要素中的主营业务成本增加；另一方面，使资产要素中的库存商品减少，说明销售商品使企业的库存商品减少，月末，应从"库存商品"账户的贷方转入"主营业务成本"账户的借方。

甲商品销售成本 = 2 000 × 50 = 100 000（元）

乙商品销售成本 = 1 500 × 30 = 45 000（元）

丙商品销售成本 = 600 × 8 = 4 800（元）

编制如下会计分录：

借：主营业务成本——甲商品	100 000
——乙商品	45 000
——丙商品	4 800
贷：库存商品——甲商品	100 000
——乙商品	45 000
——丙商品	4 800

【课外实务操作】

根据案例中的经济业务编制凭证，并登记账簿。

第二节 税金

在企业销售人员的日常经济业务活动中，不可避免地要接触发票、税金等事项。销售人员了解自己业务中的税金，可以全方位筹划企业的税务工作，为减少税收成本做好准备。

一、增值税

增值税是以增值额为课税对象而征收的一种税。就一个环节而言，增值额是产出减去投入后的余额；就一个产品而言，增值额之和就是商品价值之和。

（一）增值税的特点

（1）采用消费型增值税。根据计算增值税时对固定资产抵扣范围的不同，增值税可分为生产型增值税、收入型增值税和消费型增值税三种。我国目前采用的是消费型增值税。

（2）实行价外计税。以不含增值税税额的价格为计税依据。增值税不是价格的组成部分。

（3）实行规范化的购进扣税法。以增值税的专用发票扣税。

（4）对不同经营规模的纳税人采用不同的计税方法。按经营规模，纳税人分为一般纳税人和小规模纳税人。

（二）增值税的征收范围

（1）销售货物。销售货物指在中国境内有偿转让货物所有权的行为。有偿是指从购买方取得货款、货物或其他经济利益。货物是指有形动产，包括电力、热力和气体，是相对无形资产和不动产而言的（转让无形资产和销售不动产应缴纳营业税）。

（2）提供加工、修理修配劳务，但不包括单位或个体经营者聘用的员工为单位或雇主提供的加工、修理修配劳务。

（3）进口货物。进口货物指报关进口的货物。

（4）应税服务。应税服务包括陆路运输服务、水路运输服务、航空运输服务、管道运输服务、邮政普通服务、邮政特殊服务、邮政其他服务、基础电信服务、增值电信服务、研发和技术服务、信息技术服务、文化创意服务、物流辅助服务、有形动产租赁服务、鉴证咨询服务、广播影视服务。应税服务是有偿提供的。

2018年5月1日起，销售服务、无形资产和不动产的行为，应缴纳增值税。

（1）销售服务是指提供交通运输服务、邮政服务、电信服务、建筑服务、金融服务、现代服务、生活服务的业务活动。

（2）销售无形资产是指转让无形资产所有权或者使用权的业务活动。无形资产是指不具实物形态，但能带来经济利益的资产，包括技术、商标、著作权、商誉、自然资源使用权和其他权益性无形资产。

（3）销售不动产是指转让不动产所有权的业务活动。不动产是指不能移动或者移动后会引起性质、形状改变的财产，包括建筑物、构筑物等。

（三）增值税的计算

一般纳税人增值税的计算公式为

$$应纳税额 = 当期销项税额 - 当期进项税额$$

销项税额是纳税人销售货物或者提供应税劳务，按照销售额或者应税劳务收入和规定的税率计算并向购买方收取的增值税税额。

进项税额是纳税人购进货物或者接受应税劳务所支付或者负担的增值税税额。

1. 销项税额的计算

$$销项税额 = 销售额 \times 适用税率$$

2. 进项税额的规定

准予从销项税额中抵扣的进项税额的具体范围：

（1）从销货方取得的增值税专用发票上注明的增值税额。

（2）从海关取得的完税凭证上注明的增值税额。

（3）购进免税农产品，可根据农产品收购凭证上注明的收购金额，按照规定的扣除率计算抵扣进项税额，即

$$进项税额 = 买价 \times 扣除率$$

小规模纳税人应纳税额的计算公式为

应纳税额 = 应税销售额 × 征收率

（四）引例分析

5月31日，按增值税税收有关规定，本月应该缴纳的增值税为13 440元。该项经济业务的发生，需要先将本期应交增值税转入未交增值税。

编制如下会计分录：

借：应交税费——应交增值税（转出未交增值税）　　　13 440
　　贷：应交税费——未交增值税　　　　　　　　　　　　13 440

二、城建税以及教育费附加

（一）城市维护建设税

城市维护建设税法是指国家制定的用以调整城市维护建设税征收与缴纳之间权利及义务关系的法律规范。

城市维护建设税是国家对缴纳增值税、消费税的单位和个人就其实际缴纳的"两税"税额为计税依据而征收的一种税。

1. 纳税义务人

城市维护建设税的纳税义务人是指负有缴纳"两税"义务的单位和个人，包括国有企业、集体企业、私有企业、股份制企业、其他企业和行政单位、事业单位、军事单位、社会团体、其他单位以及个体工商户及其他个人。

2. 税率

城市维护建设税按纳税人所在地的不同，设置了三档地区差别比例税率，即纳税人所在地在市区的，税率为7%；纳税人所在地在县城、镇的，税率为5%；纳税人所在地不在市区、县城或镇的，税率为1%。

城建税的适用税率应当按纳税人所在地的规定税率执行。但是，对下列两种情况，可按缴纳"两税"所在地的规定税率就地缴纳城建税。

（1）由受托方代扣代缴、代收代缴"两税"的单位和个人，其代扣代缴、代收代缴的城建税按受托方所在地适用税率执行。

（2）流动经营等无固定纳税地点的单位和个人，在经营地缴纳"两税"的，其城建税的缴纳按经营地适用税率执行。

3. 计税依据

城建税的计税依据是指纳税人实际缴纳的"两税"税额。纳税人在被查补"两税"和被处以罚款时，应同时对其偷漏的城建税进行补税、征收滞纳金和罚款。

城建税以"两税"税额为计税依据并同时征收。如果要免征或者减征"两税"，则要同时免征或者减征城建税。

4. 应纳税额的计算

应纳税额 = 纳税人实际缴纳的增值税、消费税税额 × 适用税率

5. 税收优惠

原则上，城建税不单独减免，但因城建税又具附加税性质，当主税发生减免时，城建税相应发生税收减免。城建税的税收减免具体有以下几种情况：

（1）城建税按减免后实际缴纳的"两税"税额计征，即随"两税"的减免而减免。

（2）对于因减免税而需进行"两税"退库的，城建税也可以同时退库。

（3）海关对进口产品代征的增值税、消费税，不征收城建税。

（二）教育费附加

1. 纳税人

凡缴纳增值税、消费税的单位和个人，均为教育费附加的纳费义务人（简称"纳费人"）。凡代征增值税、消费税的单位和个人，亦为代征教育费附加的义务人。农业、乡镇企业，由乡镇人民政府征收农村教育事业附加，不再征收教育费附加。国务院（国发［2010］35号）和财政部、国家税务总局（财税［2010］103号）文件明确了外商投资企业、外国企业和外籍人员适用于现行有效的城市维护建设税和教育费附加政策规定，凡是缴纳增值税、消费税和营业税的外商投资企业、外国企业和外籍人员纳税人均需按规定缴纳城市维护建设税和教育费附加。

2. 教育费附加征费范围

教育费附加的征费范围同增值税、消费税的征收范围相同。

3. 教育费附加费额计算

教育费附加计费以纳税人实际缴纳的增值税、消费税的税额为计费依据。应纳教育费附加的计算公式为

应纳教育费附加 = （实际缴纳的增值税 + 消费税）× 3%

（三）引例分析

5月31日，计算应交城市维护建设税和教育费附加。

计算附加税引起企业费用要素和负债要素发生增减变化。一方面，引起企业费用要素中的税金及附加项目增加，应计入"税金及附加"账户的借方；另一方面，引起企业负债要素中应交税费和其他应交款项目增加，应分别计入"应交税费——应交城市维护建设税"和"应交税费——应交教育费附加"账户的贷方。

借：税金及附加　　　　　　　　　　　　　　　　1 344

贷：应交税费——应交城建税　　940.8（13 440×7%＝940.8）
　　应交税费——应交教育费附加
　　　　　　　　　　　　　　　403.2（13 440×3%＝403.2）

第三节　成本费用核算

【导入案例】

(1) 2018 年 5 月 16 日，优品公司开出转账支票一张，支付电视台广告费 800 元，如图 2-4-12 所示。

```
            中国工商银行
            转账支票存根
                                    XIII37892

科目：
对方科目：
签发日期：2018 年 5 月 16 日

        收款人：电视台
        金额：¥800.00
        用途：广告费

单位主管会计
```

图 2-4-12　转账支票存根

(2) 2018 年 5 月 18 日，优品公司接到水电部门付款通知，应付经营管理部门耗用水费 1 000 元，款项已用银行存款支付。开具的收据和收款凭证如图 2-4-13 和图 2-4-14 所示。

青岛市自来水集团公司
供水专用收据　　　　　　　　NO：00264578
填开日期：2018 年 5 月 15 日

用户名称	优品公司				
用户地址	长江路 518 号				
上期抄度	本期抄度	用水量/t	单价	金额	备注
1098	1598	500	2.00	¥1000.00	
人民币（大写）	壹仟元整				
收款单位盖章	（青岛市水务集团公司 财务专用章）		收款人盖章	银行代缴	

地址：广场路 207 号　收费监督电话：88576903　　维修电话：88278903

图 2-4-13　供水专用收据

委托收款凭证（支款凭证）3
委邮委托日期 2018 年 5 月 18 日

收款人	全称	市水务集团公司	付款人	全称	优品公司
	账号	235194		账号	372-539
	开户银行	交通银行		开户银行	工商银行

委收金额	人民币（大写）	壹仟元整	十	万	千	百	十	元	角	分
				¥	1	0	0	0	0	0

款项内容	水费	委托收款凭据名称	供水专用收据	附寄单证张数	1

备注	收款人开户行盖章	科目（付） 对方科目（收） 转账2018年 5 月 18 日 复核 记账

图 2－4－14　委托收款凭证

（3）2018 年 5 月 21 日，优品公司从银行提取现金 5 000 元，如图 2－4－15 所示。

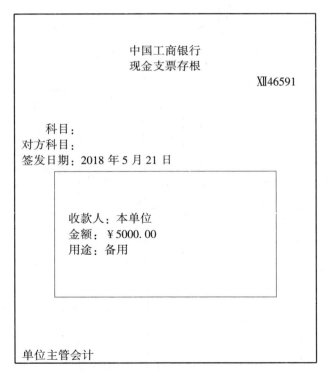

图 2－4－15　现金支票存根

（4）5 月 25 日，优品公司以现金预付企业经理李明差旅费 1 000 元，如

图 2-4-16 和图 2-4-17 所示。

2018 年 5 月 25 日

部门	总经理办公室	出差人	李明
公出事由	电子商务交流会	出差地点	上海
出差日期	2018 年 5 月 26 日—2018 年 5 月 28 日		
预计差旅费（大写）	壹仟元整	金额（小写）	1000.00
部门审批		主管领导审批	
备注：本单一式三联，凭第一联预支借款；凭第二联报销；第三联出差人留存			

第一联

图 2-4-16 优品公司公出审批单

领款日期：2018 年 5 月 25 日

领款部门名称	总经办李明	审批意见
领款原因	参加会议	
金额（大写）	人民币壹仟元整	￥1000.00

图 2-4-17 优品公司领款凭证

（5）2018 年 5 月 29 日，优品公司的李明出差归来，报销差旅费 984 元，如图 2-4-18 所示；并交回现金 16 元，如图 2-4-19 所示。

职务：采购员　　2018 年 5 月 29 日　　　　　　　　　　　　单位：元

起		止		车船费、旅馆费、交通费、补贴等							合计金额
月	日	月	日	火车费	汽车费	船费	旅馆费	会议费	补贴	杂费	
5	26	5	28	600			300			84	984
合计人民币（大写）玖佰捌拾肆元整											
部门审批						主管领导审批					

图 2-4-18 差旅费报销单

收 据

2018 年 5 月 29 日　　　　　　　　　　　第 5 号

今收到李明			
人民币（大写）：壹拾陆元整			
事由：交回预借款项		现金 16.00	
		支票第　　　号	
收款单位	财务主管		收款人

图 2-4-19　交回现金的收据

（6）2018 年 5 月 31 日，优品公司按规定计提本月经营管理部门固定资产折旧费 8 900 元，具体如表 2-4-2 所示。

表 2-4-2　固定资产折旧计算

2018 年 5 月 31 日

使用部门		原值	月折旧率	折旧额
经管部门	计算机	100 000	2.78%	2 780
	办公设备	100 000	1.67%	1 670
销售部门	计算机	100 000	2.78%	2 780
	办公设备	100 000	1.67%	1 670
合计		400 000		8 900

（7）2018 年 5 月 31 日，优品公司按规定计算分配本月员工工资，具体如表 2-4-3 所示。

表 2-4-3　工资费用分配

2018 年 5 月 31 日　　　　　　　　　　　　　　　　　　　　　　单位：元

部　　门	工资费用分配金额
行政管理人员	20 000
市场销售人员	40 000
合　　计	60 000

（8）2018 年 5 月 31 日，优品公司从网上银行转账支付本月房屋租赁费 8 000 元。

案例思考

（1）电子商务企业成本费用涉及哪些内容？

（2）简述员工费用报销流程。

（3）根据案例对本月的销售业务做会计分录。

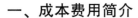

一、成本费用简介

成本费用是指企业在生产经营中发生的各种资金耗费。成本费用可以综合反映企业工作质量，是推动企业提高经营管理水平的重要杠杆。成本费用是指企业在经营管理过程中为了取得营业收入而发生的费用，用货币形式来表示，也就是企业在产品经营中耗费的资金的总和。

企业的成本费用可以划分为两大类：制造成本和期间费用。

（1）制造成本是指按产品分摊的、与生产产品直接相关的费用，构成项目有直接材料费用、直接工资、其他直接支出和制造费用。

（2）期间费用是指在一定会计期间内发生的与生产经营没有直接关系或关系不大的各种费用，构成项目有管理费用、财务费用和销售费用。

二、电子商务企业的成本费用

电子商务企业的成本费用构成较普通企业有所不同，这是由电子商务企业的特点决定的。电子商务企业的成本费用主要是指企业在开展生产经营活动时耗费的人力、物力和财力等资源。其主要有以下六大类：

（一）技术成本

电子商务企业的技术成本包括技术研发成本、软硬件配置成本和日常维护成本。由于电子商务是各种现代科技结合的产物，而且随着相关的技术和配置的不断更新换代，电子商务企业的技术成本始终占整体成本的一大部分。

（二）安全成本

制定安全标准、开发安全技术等技术措施为实现网上交易的公正性和安全性提供了一定的保障，而同时这些用于保障交易安全的必要措施会导致企业运营成本的增加。

（三）物流成本

物流配送是衡量电子商务企业业务质量的重要尺度。物流配送虽节省了店面成本，但并没有节省库存成本。物流配送既要在各区域有商品存放的地点，又需要支付运输配送的人工费用。而且，不同的物流模式为企业带来的隐性成本也不同。

（四）客户成本

电子商务的客户成本是指消费者取得商品全程用于网上交易的所有费用。由于电子商务是一种基于网络开展的服务，因此只要消费者接受这样的服务，就要承担相应的费用。

（五）法律成本

电子商务企业在经营过程中会面临许多法律问题，如欺诈、网上数据采集、网上交易的纠纷等。数字签名、授权认证中心管理和网络协议的统一等这些电子商务规则的建立增加了电子商务操作的难度和成本。

(六) 风险成本

由于电子商务处在虚拟的交易环境中，故相对于实体交易，它面对着更大的经营风险。电子商务的风险成本是一种由不确定因素造成的隐形成本，比如网络病毒、人才流失、技术更新等因素造成的风险成本。

三、成本费用账务处理

(一) 账户设置

1. "销售费用"账户

"销售费用"账户属于损益类账户，用以核算企业在销售商品过程中发生的各种销售费用，包括运输费、装卸费、包装费、保险费、展览费和广告费等，以及专设销售机构的职工薪酬、业务费等经营费用。借方登记本期发生的各种与销售有关的费用；贷方登记期末转入"本年利润"账户的销售费用，结转后该账户无余额。该账户应按费用项目设置明细分类账，进行明细分类核算。该账户的核算内容及结构可用图2-4-20表示。

借方	销售费用	贷方
本期发生的各种与销售有关的费用		期末转入"本年利润"账户的销售费用

图2-4-20 "销售费用"账户的核算内容及结构

2. "管理费用"账户

"管理费用"账户属于损益类账户，用以核算企业行政管理部门为组织和管理生产经营活动而发生的各项费用，包括行政管理部门人员的工资及福利费、办公费、折旧费、工会经费、职工教育经费、业务招待费、坏账损失、房产税、土地使用税、印花税、劳动保险费等。借方登记本期发生的各项管理费用；贷方登记期末转入"本年利润"账户的管理费用，结转后该账户应无余额。该账户应按费用项目设置明细分类账，进行明细分类核算。"管理费用"账户的核算内容及结构可用图2-4-21表示。

借方	管理费用	贷方
本期发生的各项管理费用		期末转入"本年利润"账户的管理费用

图2-4-21 "管理费用"账户的核算内容及结构

3. "应付职工薪酬"账户

"应付职工薪酬"账户属于负债类账户,用以核算企业根据有关规定应付给职工的各种薪酬,包括职工工资、奖金、津贴和补贴、职工福利费、工会经费、职工教育经费、社会保险费、住房公积金、非货币性福利等所有为职工支付的费用。贷方登记本期应支付的职工薪酬;借方登记本期实际支付的职工薪酬,期末该账户一般无余额。如为贷方余额,则表示应付未付的职工薪酬;如为借方余额,则表示多支付的职工薪酬。该账户应按"应付工资""职工福利""社会保险费""住房公积金""工会经费""职工教育经费""非货币性福利"等应付职工薪酬项目设置明细分类账户,进行明细分类核算。"应付职工薪酬"账户的核算内容及结构可用图 2-4-22 表示。

借方	应付职工薪酬	贷方
本期实际支付的职工薪酬		本期应支付的职工薪酬
		期末余额:应付未付的职工薪酬

图 2-4-22 "应付职工薪酬"账户的核算内容及结构

4. "累计折旧"账户

"累计折旧"账户属于资产类账户,是固定资产的备抵账户,用以核算企业固定资产的累计已提折旧。贷方登记企业按月计提的固定资产折旧以及增加固定资产的已提折旧,借方登记出售和报废固定资产的已提折旧,期末贷方余额反映企业现有固定资产累计折旧额。"累计折旧"账户的核算内容及结构可用图 2-4-23 表示。

借方	累计折旧	贷方
出售和报废固定资产的已提折旧		企业按月计提的固定资产折旧以及增加固定资产的已提折旧
		期末余额:企业现有固定资产的累计折旧额

图 2-4-23 "累计折扣"账户的核算内容及结构

(二) 引例分析

(1) 优品公司开出转账支票一张,用以支付电视台广告费 800 元。

该项经济业务的发生使企业费用要素和资产要素发生增减变化。一方面使企业银行存款减少 800 元,计入"银行存款"账户的贷方;另一方面使企业的销售费用增加 800 元,计入"销售费用"账户的借方。这项经济业务应编制如下会计分录:

借:销售费用 800

贷：银行存款　　　　　　　　　　　　　　　　　　　　　　　　　　800

　（2）优品公司接到水电部门付款通知,应付经营管理部门耗用水费 1 000 元,款项已用银行存款支付。

　　该项经济业务的发生使企业费用要素和资产要素发生增减变化。一方面使企业银行存款减少 1 000 元,计入"银行存款"账户的贷方;另一方面使企业的管理费用增加 1 000 元,计入"管理费用"账户的借方。这项经济业务应编制如下会计分录:

　　借：管理费用　　　　　　　　　　　　　　　　　　　　　　　　　1 000
　　　贷：银行存款　　　　　　　　　　　　　　　　　　　　　　　　1 000

　（3）优品公司从银行提取现金 5 000 元。

　　该项经济业务的发生使企业资产要素内部发生增减变化。一方面使企业银行存款减少 5 000 元,计入"银行存款"账户的贷方;另一方面使企业现金增加 5 000 元,计入"库存现金"账户的借方。这项经济业务应编制如下会计分录:

　　借：库存现金　　　　　　　　　　　　　　　　　　　　　　　　　5 000
　　　贷：银行存款　　　　　　　　　　　　　　　　　　　　　　　　5 000

　（4）优品公司以现金预付企业经理李明差旅费 984 元。

　　该项经济业务的发生使企业资产要素内部项目发生增减变化。预付的差旅费属于暂付款项,应通过"其他应收款"这个资产类账户核算。预付时计入"其他应收款"借方;报销差旅费以及收回暂付款时计入"其他应收款"贷方。期末借方余额表明未收回或未报销的暂付款。这项经济业务应编制如下会计分录:

　　借：其他应收款——李明　　　　　　　　　　　　　　　　　　　　1 000
　　　贷：库存现金　　　　　　　　　　　　　　　　　　　　　　　　1 000

　（5）优品公司的李明出差归来,报销差旅费 984 元,交回现金 16 元。

　　这项经济业务表明,报销差旅费使管理费用增加,计入"管理费用"借方;同时"其他应收款"减少,计入"其他应收款"贷方。在实际工作中,此项业务既可编制简单会计分录,也可编制复合会计分录。一般编制如下会计分录:

　　借：管理费用——差旅费　　　　　　　　　　　　　　　　　　　　984
　　　　库存现金　　　　　　　　　　　　　　　　　　　　　　　　　16
　　　贷：其他应收款——李明　　　　　　　　　　　　　　　　　　　1 000

　（6）优品公司按规定计提本月经营管理部门固定资产折旧费 8 900 元。

拓展知识

小知识——固定资产折旧

　　固定资产折旧是企业固定资产在生产过程中由于使用和技术进步原因而逐渐损耗的价值。固定资产折旧费是因企业生产经营而发生的费用,将随着产品的销售和取得收入而得到补偿。

固定资产的折旧方法有直线法、工作量法、双倍余额递减法、年数总和法。一般企业使用较多的是直线法。企业计提折旧可以个别计提，也可分类计提。

年折旧率 ＝（1 － 预计净残值率）÷ 预计使用寿命(年) × 100%

月折旧额 ＝ 固定资产原价 × 年折旧率 ÷ 12

计提的固定资产折旧费使资产要素和费用要素之间发生增减变化。一方面引起费用要素增加 8 900 元，按固定资产用途不同，分别计入"管理费用"账户和"销售费用"账户的借方；另一方面，计提折旧费引起资产要素中的固定资产价值减少，计入"累计折旧"账户的贷方。这项经济业务应编制如下会计分录：

  借：管理费用   4 450

    销售费用   4 450

    贷：累计折旧   8 900

（7）计算分配本月员工工资。

这项经济业务的发生使费用要素和负债要素发生增减变化。一方面，企业进行生产经营活动而发生的工资费用，使费用要素增加，应按工资的用途进行分配。经营管理部门人员工资计入"管理费用"账户的借方，市场销售部门人员工资计入"销售费用"账户的借方；另一方面，引起负债要素中应付职工薪酬增加，计入"应付职工薪酬"账户的贷方。同时，发放工资时，"银行存款"账户与"应付职工薪酬账户"同时减少 54 100 元。这项经济业务应编制如下会计分录：

  借：管理费用   17 050

    销售费用   37 050

    贷：应付职工薪酬——职工工资   54 100

  借：应付职工薪酬——职工工资   54 100

    贷：银行存款   54 100

（8）网上银行转账支付本月房屋租赁费 20 852 元。

该项经济业务的发生使企业费用要素和资产要素发生增减变化。一方面使企业银行存款减少 20 852 元，计入"银行存款"账户的贷方；另一方面使企业的管理费用增加 20 852 元，计入"管理费用"账户的借方。这项经济业务应编制如下会计分录：

  借：管理费用   20 852

    贷：银行存款   20 852

【课外实务操作】

根据案例中的经济业务编制凭证，并登记账簿。

第五章

利润形成

【知识目标】

◇ 了解企业利润形成过程中的经济业务类型；
◇ 掌握利润形成过程中的会计核算。

【技能目标】

◇ 通过对企业利润形成过程业务的学习，掌握基本的利润计算方法；
◇ 了解利润分配的原则。

【导入案例】

（1）5月31日，利源公司因合同违约支付违约金20 000元。
（2）5月31日，开出转账支票一张，捐赠给某福利部门1 000元。
（3）5月31日，请根据案例中的经济业务，归集本月各损益类账户余额，具体格式如表2-5-1所示。

表2-5-1　各损益类账户余额

账户名称	借方余额/元	贷方余额/元
主营业务收入		
主营业务成本		
税金及附加		
销售费用		
其他业务收入		

续表

账户名称	借方余额/元	贷方余额/元
其他业务成本		
管理费用		
财务费用		
投资收益		
营业外收入		
营业外支出		
合计		

（4）5月31日，计算结转应交所得税（税率为25%）。

（5）5月31日，计算本年实现的净利润，并将其转入"利润分配"账户，以便进行分配。

（6）5月31日，按规定从本年净利润中提取10%法定盈余公积金。（选学内容）

（7）5月31日，按规定计算应付给投资者的利润，本例按30%计提。（选学内容）

（8）年末，计算企业当年未分配利润。（选学内容）

案例思考

（1）思考经济业务之间的内在联系。

（2）根据案例资料，完成利润形成过程的经济业务的会计分录。

第一节　利润形成

一、利润的概念

利润是企业在一定期间的经营成果，是企业的收入减去有关的成本与费用后的差额。收入大于相关的成本与费用时，企业就可获取盈利；收入小于相关的成本与费用时，企业就会发生亏损。广义地讲，企业的收入不仅包括营业收入，还包括营业外收入；企业的费用不仅包括为取得营业收入而发生的各种耗费，还包括营业外支出和所得税费用。

二、利润的构成

1. 营业利润

营业利润是企业一定时期生产经营活动、投资活动等形成的利润，是企业利润总额的主要来源。营业利润以营业收入为基础,减去营业成本、税金及附加、销售费用、管理费用、财务费用、资产减值损失,加上公允价值变动收益和投资收益。其用公式表示为

营业利润 = 营业收入 – 营业成本 – 税金及附加 – 销售费用 – 管理费用 – 财务费用 – 资产减值损失 + 公允价值变动收益（– 公允价值变动损失）+ 投资收益（– 投资损失）

2. 利润总额

根据《企业会计准则》的有关规定,企业的利润一般包括营业利润、投资收益和营业外收支净额（营业外收支净额 = 营业外收入 – 营业外支出）三个部分。如果企业能够按规定获取补贴收入,则也应作为当期的利润总额的组成部分。其用公式表示为

利润总额 = 营业利润 + 投资收益 +（营业外收入 – 营业外支出）

3. 净利润

净利润是企业当期利润总额减去所得税费用以后的余额,即企业的税后利润。其用公式表示为

净利润 = 利润总额 – 所得税费用

三、企业所得税

在中国境内,企业和其他取得收入的组织为企业所得税的纳税人,依照相关法律的规定缴纳企业所得税,个人独资企业、合伙企业除外。

（一）纳税人及征税范围

企业所得税的纳税人分为居民企业和非居民企业。它们在征税范围上有一定差异,具体见表2-5-2。

表2-5-2 居民企业和非居民企业的征税标准及范围

纳税人	判定标准	征收范围
居民企业	（1）依照中国法律、法规在中国境内成立的企业。 （2）依照外国（地区）法律成立但实际管理机构在中国境内的企业	来源于中国境内、境外的所得（全面纳税义务）
非居民企业	（1）依照外国（地区）法律、法规成立且实际管理机构不在中国境内,但在中国境内设立机构、场所的企业。 （2）在中国境内未设立机构、场所,但有来源于中国境内所得的企业	来源于中国境内的所得

（二）企业所得税的计算

《中华人民共和国企业所得税暂行条例》（以下简称《企业所得税暂行条

例》）规定，企业应纳税所得额等于企业的收入总额减去成本、费用、税金、损失以及准予扣除项目的金额。

成本是纳税人为生产、经营商品和提供劳务等而发生的各项直接耗费和各项间接费用。

费用是指纳税人为生产经营商品和提供劳务等而发生的销售费用、管理费用和财务费用。

税金是指纳税人为生产经营商品和提供劳务等而发生的各种税金。例如在会计核算中，计入税金及附加——印花税、房产税、车船税和土地使用税、消费税、城建税、教育费附加、关税、土地增值税、资源税（不包括增值税）；计入资产或货物的成本——契税、车辆购置税、进口关税、不得抵扣增值税和耕地占用税。

损失是指纳税人生产经营过程中的各项营业外支出、经营亏损和投资损失等。除此以外，在计算企业应纳税所得额时，对纳税人的财务会计处理和税收规定不一致的，应按照税收规定予以调整。在税收有关规定中，企业所得税的法定扣除项目除成本、费用和损失外，还明确了一些需按税收规定进行纳税调整的扣除项目。

（三）企业所得税的计算

1. 居民企业和有机构场所的非居民企业

应纳税额 = 应纳税所得额 × 税率 − 减免税额 − 抵免税额

应纳税所得额 = 收入总额 − 不征税收入 − 免税收入 − 扣除额 − 弥补亏损

【企业所得税的税率】

企业所得税的税率是指计算企业所得税应纳税额的法定比率。根据《企业所得税暂行条例》和2008年新的《中华人民共和国所得税法》规定，一般企业所得税的税率为25%；符合条件的小型微利企业，减按20%的税率征收企业所得税。

2. 未设立机构场所的非居民企业

应纳税额 = 支付单位所支付的金额 × 预提所得税税率（20%）

第二节 利润形成的账务处理

一、账户设置

为了反映利润的形成情况，企业应设置"营业外收入""营业外支出""投资收益""本年利润""所得税费用""利润分配"等账户来进行核算。

（一）"营业外收入"账户

"营业外收入"账户属于损益类账户，用以核算企业发生的与企业生产经营无直接关系的各项收入，包括固定资产盘盈、处置固定资产净收益、确实无法支付的款项、返还教育费附加等。企业发生属于营业外收入内容时，计入该账户的贷方，期末从借方将该账户余额全部转入"本年利润"账户的贷方，结转后该账户无余额。该账户应按收入项目设置明细分类账，进行明细分类核算。"营业外收入"账户的核算内容及结构可用图2-5-1表示。

借方	营业外收入	贷方
期末将本期发生的营业外收入转入"本年利润"账户的数额		本期发生的各项营业外收入数额

图2-5-1　"营业外收入"账户的核算内容及结构

（二）"营业外支出"账户

"营业外支出"账户属于损益类账户，用以核算企业发生的与企业生产经营无直接关系的各项支出，如固定资产盘亏、处置固定资产净损失、非常损失、非正常停工损失、公益、救济性捐赠、赔偿金、违约金等。企业发生营业外支出时，计入该账户的借方，期末从贷方将该账户的余额全部转入"本年利润"账户的借方，结转后，该账户无余额。该账户应按支出项目设置明细分类账。"营业外支出"账户的核算内容及结构可用图2-5-2表示。

借方	营业外支出	贷方
本期发生的各项营业外支出数额		期末将本期发生的营业外支出转入"本年利润"账户的数额

图2-5-2　"营业外支出"账户的核算内容及结构

（三）"投资收益"账户

"投资收益"账户属于损益类账户，用以核算企业对外投资取得的投资收益或发生的投资损失。企业取得投资收益或期末投资净损失的转出数额计入该账户的贷方，发生的投资损失和期末投资净收益的转出数额计入该账户的借方，期末结转后，该账户无余额。该账户应按收益种类设置明细账。"投资收益"账户的核算内容及结构，可用图2-5-3表示。

借方	投资收益	贷方
本期发生的投资损失和期末投资净收益的转出数额		本期取得投资收益或期末投资净损失的转出数额

图2-5-3　"投资收益"账户的核算内容及结构

(四)"本年利润"账户

"本年利润"账户属于所有者权益类账户,用以核算企业在本年度实现的利润(或亏损)总额。贷方登记期末从有关收入和投资收益账户转入的各种收入,借方登记期末从有关成本、费用账户转入的各种费用。年度终了,企业将本年实现的净利润转入"利润分配"账户,计入该账户的借方(亏损总额结转计入贷方)。该账户平时贷方余额则表示截至本期累计实现的利润总额,平时如为借方余额则表示截至本期累计亏损总额。年终结转后,该账户无余额。"本年利润"账户的核算内容及结构可用图 2-5-4 表示。

借方	本年利润	贷方
期末从有关成本、费用账户转入的各种费用,包括主营业务成本、税金及附加、销售费用、管理费用、财务费用、其他业务成本、营业外支出、投资损失、所得税费用	从有关收入和收益账户转入的各种收入,包括主营业务收入、其他业务收入、营业外收入、投资收益	
期末余额:亏损总额	期末余额:实现的净利润	

图 2-5-4 "本年利润"账户的核算内容及结构

(五)"所得税费用"账户

"所得税费用"账户属于损益类账户,用以核算企业在实现利润总额后按规定方法计算缴纳的所得税。按一定方法计算的应缴纳所得税费用计入"所得税费用"账户的借方;期末从该账户贷方转入"本年利润"账户的借方,该账户结转后无余额。"所得税费用"账户的核算内容及结构可用图 2-5-5 表示。

借方	所得税费用	贷方
按一定方法计算的应缴纳所得税费用	期末转入"本年利润"账户的应缴纳所得税	

图 2-5-5 "所得税费用"账户的核算内容及结构

(六)"利润分配"账户

"利润分配"账户属于所有者权益类账户。企业进行利润分配意味着企业实现的"利润"这项所有者权益减少,本应借记"本年利润"账户,直接冲减本年实现利润额。但是,如果这样处理,"本年利润"账户的期末贷方余额只能是未分配利润(实现的利润减已分配的利润),就不能提供本年累计实现的利润额。而这项指标恰恰又是管理上需要提供的。基于这种原因,为了使"本年利润"账户既能反映企业实现利润的原始数据,又能反映企业未分配利润数额,核算中便专门设置了"利润分配"账户,用以反映企业已分配的利润数额。该账户借方登记实际分配的利润数额,或年末从"本年利润"账户的贷方转入的全年亏损总额,贷方平时一般不作登记。因而在年度中间该账户的期末余额为借方余额，表示截至本期企业累计已分配利润数额，平时，将"本年利润"账户的贷方余额（即累计实现的利润）与"利润分配"账户的借方余额（即累计已分配的利润）相减，可以求得年末未分配的利润余额。年末，企业将全年实现的净利润自"本年利润"账户借方结转计入"利润分配"账户的贷方。结转后，"利润分配"账户如为贷方余额，则表示年末尚未分配的利润数额；如为借方余额，则表示年末尚未弥补的亏损。

为了详细地反映和监督企业利润分配的去向和历年分配后的结余金额，"利润分配"账户一般应设置"提取盈余公积""应付利润""未分配利润"等明细账户，进行明细分类核算。企业应将"利润分配"账户的各明细账户的余额分别转入"利润分配——未分配利润"账户的借方或贷方。结转后除"未分配利润"明细账户外，其他明细账户应无余额。"利润分配"账户的核算内容及结构，如图 2-5-6 表示。

借方	利润分配	贷方
实际分配的利润数额年末从"本年利润"账户的贷方转入的全年亏损总额		年末从"本年利润"账户转入
期末余额：年末尚未弥补的亏损		期末余额：年末尚未分配的利润数额

图 2-5-6 "利润分配"账户的核算内容及结构

二、引例分析

（1）利源公司因合同违约支付违约金 20 000 元。此时应编制如下会计分录：
借：银行存款　　　　　　　　　　　　　　　　　　　　20 000
　　贷：营业外收入　　　　　　　　　　　　　　　　　　　　20 000
（2）开出转账支票一张，捐赠给某福利部门 1 000 元。
这项经济业务的发生使银行存款减少了 1 000 元，计入"银行存款"账户的贷方，同时捐赠给福利部门属于公益救济性捐赠，列入营业外支出，应计入"营业外支出"账户的借方，此时应编制如下会计分录：
借：营业外支出　　　　　　　　　　　　　　　　　　　1 000
　　贷：银行存款　　　　　　　　　　　　　　　　　　　　　1 000
（3）按规定程序，企业应于年末将有关损益类账户的余额，全部转入"本年利润"的借方或贷方，以便计算财务成果。成本、费用、支出、税金等账户的发生额在借方，结转时全部从贷方转出，转入"本年利润"账户的借方，即借记"本年利润"账户，贷记有关成本费用账户。收入、收益账户的发生额在贷方，结转时全部从借方转出，转入"本年利润"的贷方，即借记有关的收入、收益账户，贷记"本年利润"账户。年末结转金额及编制结转的会计分录如表 2-5-3 所示。

表2-5-3 各损益类账户余额　　　　　　　　　　单位：元

账户名称	借方余额	贷方余额
主营业务收入		302 000
主营业务成本	149 800	
税金及附加	1 344	
其他业务收入		
其他业务成本		
销售费用	42 300	
管理费用	44 336	
财务费用	1 500	
投资收益		
营业外收入		20 000
营业外支出	1 000	
合计	240 280	322 000

①结转成本、费用、税金账户
借：本年利润　　　　　　　　　　　　　　　　　240 280
　　贷：主营业务成本　　　　　　　　　　　　　　149 800
　　　　税金及附加　　　　　　　　　　　　　　　　1 344
　　　　销售费用　　　　　　　　　　　　　　　　 42 300
　　　　管理费用　　　　　　　　　　　　　　　　 44 336
　　　　财务费用　　　　　　　　　　　　　　　　　1 500
　　　　营业外支出　　　　　　　　　　　　　　　　1 000
②结转收入、收益账户
借：主营业务收入　　　　　　　　　　　　　　　302 000
　　营业外收入　　　　　　　　　　　　　　　　 20 000
　　贷：本年利润　　　　　　　　　　　　　　　　322 000

（4）企业应交所得税是按企业应纳税所得乘以税率求出的。应纳税所得等于企业利润总额加或减纳税调整额。假设该企业的利润总额［322 000 - 240 280 = 81 720（元））］即为应纳税所得，那么企业应交所得税为

　　　　利润总额 × 25% = 81 720 × 25% = 20 430（元）

该项经济业务应编制如下会计分录：
借：所得税费用　　　　　　　　　　　　　　　　 20 430
　　贷：应交税费——应交所得税　　　　　　　　　 20 430

同时

  借：本年利润   20 430

    贷：所得税费用   20 430

（5）这项经济业务表明，企业计算应交所得税后，将实现的净利润［81 720 − 20 430 = 61 290（元）］按国家规定的程序进行分配，即从"本年利润"账户的借方转入"利润分配"账户的贷方。此时应编制如下会计分录：

  借：本年利润   61 290

    贷：利润分配——未分配利润   61 290

在实际工作中，财会人员应根据"净利润计算表"填制转账凭证。

根据相关会计分录登记的"T"形账户如图 2 − 5 − 7 所示。

```
借方    利润分配    贷方        借方    本年利润    贷方
              | 61 290    ←——→    61 290 |
```

图 2 − 5 − 7 根据"利润分配"账户和"本年利润"账户登记的"T"形账户

【注】以下有关利润分配的账务处理，学生可根据自己实际要求选学。

第三节 利润分配的账务处理

一、利润分配内容以及程序

利润分配是企业按照国家有关规定和投资者的决议，对企业净利润进行的分配。

企业本年实现的净利润加上年初未分配利润即为可供分配的利润。企业利润分配的内容和程序如下：

1. 提取法定盈余公积

法定盈余公积按本年实现净利润的一定比例提取，公司制企业（包括国有独资公司、有限责任公司和股份有限公司，下同）按公司法规定净利润的 10% 提取；其他企业可以根据需要确定提取比例，但至少应按 10% 提取。企业提取的法定盈余公积累计额超过其注册资本 50% 以上的，可以不再提取。

2. 提取法定公益金

公司制企业按照本年实现净利润的 5%～10% 提取法定公益金；其他企业按不高于法定盈余公积的提取比例提取公益金，企业提取的法定公益金用于企业职工集体福利设施。

3. 提取任意盈余公积

公司制企业经过股东大会决议，可以提取任意盈余公积；其他企业也可根据需要提取任意盈余公积。盈余公积的提取比例由企业视情况而定。

4. 向投资者分配利润

企业提取法定盈余公积和公益金后,可以按规定向投资者分配利润。企业如果发生亏损,则可以用以后年度实现的利润弥补,也可以用以前年度提取的盈余公积弥补。若企业以前年度亏损未弥补完,则不能提取法定盈余公积和法定公益金。在提取法定盈余公积和公益金前,不得向投资者分配利润。

二、账户设置

为了反映利润的分配情况,企业应设置"盈余公积""应付利润""利润分配"("利润分配"账户上一节已经介绍)等账户来进行核算。

(一)"盈余公积"账户

"盈余公积"账户属于所有者权益类账户,是用来反映和监督企业从税后利润中提取的盈余公积金和公益金的增减变动和结余情况的账户。贷方登记本期从税后利润(即净利润)中提取的盈余公积金和公益金数额,借方登记本期盈余公积金和公益金的使用数额,如转增资本、弥补亏损等。期末余额在贷方,表示期末盈余公积的结余数。"盈余公积"账户的核算内容及结构如图2-5-8所示。

借方	盈余公积	贷方
本期盈余公积金和公益金的使用数额		本期从税后利润中提取的盈余公积金和公益金数额
		期末余额:期末盈余公积金结余数

图2-5-8 "盈余公积"账户的核算内容及结构

(二)"应付股利"账户

"应付股利"账户属于负债类账户,是用来反映和监督企业向投资者(包括国家、其他单位以及个人)支付的现金股利(股份制企业)或利润(非股份制企业)情况的账户。贷方登记计算出的应支付给投资者的股利(或利润),借方登记实际支付给投资者的股利(或利润);若期末余额在贷方,则表示应付而尚未支付的股利(或利润);若期末余额在借方,则表示多支付的股利(或利润)。"应付股利"账户的核算内容及结构如图2-5-9表示。

借方	应付股利	贷方
实际支付给投资者的股利(或利润)		计算出的应支付给投资者的股利(或利润)
期末余额:多支付的股利(或利润)		期末余额:应付而尚未支付的股利(或利润)

图2-5-9 "应付股利"账户的核算内容及结构

三、引例分析

（1）企业提取得法定盈余公积金 = 61 290 × 10% = 6 129（元）。

该项经济业务表明，企业提取法定盈余公积金是对已实现的利润进行分配，应计入"利润分配——提盈余公积"的借方，同时计入"盈余公积"的贷方。此时可编制如下会计分录：

借：利润分配——提取盈余公积　　　　　　　　　　　　　　6 129
　　贷：盈余公积——法定盈余公积　　　　　　　　　　　　　　6 129

在实际工作中，财会人员应根据"利润分配计算表"填制转账凭证。

根据相关会计分录登记的"T"形账户如图 2 – 5 – 10 所示。

图 2 – 5 – 10　根据"盈余公积"账户和"利润分配——提盈余公积"账户登记的"T"形账户

（2）应付利润 = 净利润 × 30%　= 61 290 × 30% = 18 387（元）。

这项经济业务表明，企业实现的净利润，在提取盈余公积后，才能分配给投资者利润，计提时计入"利润分配——应付利润"借方，同时计入"应付利润"的贷方。此时可编制如下会计分录：

借：利润分配——应付利润　　　　　　　　　　　　　　　　18 387
　　贷：应付利润　　　　　　　　　　　　　　　　　　　　　18 387

在实际工作中，财会人员应根据"利润分配计算表"填制转账凭证。

根据相关会计分录登记的"T"形账户如图 2 – 5 – 11 所示。

```
       借方  应付利润  贷方        借方  利润分配——应付利润  贷方
                   18 387 ←——— 18 387
```

图 2 – 5 – 11　根据"应付利润"账户和"利润分配——应付利润"账户登记的"T"形账户

（3）年末未分配利润 = 61 290 – 6129 – 18 387 = 36 774（元）。

将"利润分配——提取盈余公积、应付利润"各明细分类账结转"未分配利润"明细分类账户，可编制如下会计分录：

借：利润分配——未分配利润　　　　　　　　　　　　　　　　24 516
　　贷：利润分配——提取盈余公积　　　　　　　　　　　　　　6 129
　　　　　　　　——应付利润　　　　　　　　　　　　　　　　18 387

至此，企业利润及利润分配的过程全部结束，年终，"利润分配——未分配利润"账户的发生情况如图 2 – 5 – 12 所示。

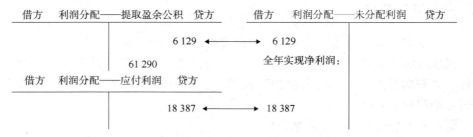

图 2-5-12 "利润分配——未分配利润"账户的发生情况

第六章

报表分析

第一节 财务报表的编制

【知识目标】

◇ 了解财务报表的内在联系；
◇ 熟悉账簿与财务报表项目之间的关系；
◇ 掌握利润表的编制方法；
◇ 了解指标分析的含义和作用。

【技能目标】

◇ 通过学习如何编制报表，培养学生编制财务报表的动手能力；
◇ 通过学习如何分析财务报表，培养学生计算债务、盈利等指标的能力；
◇ 通过计算各财务指标，培养学生分析企业财务状况、经营成果等内容的能力，并提高对合作客户信用情况的判断能力。

【导入案例】

王晨经过三年电子商务专业的学习，毕业后进入新阳网络公司工作。本月底，会计人员在编制财务报表前，要求王晨配合完成以下业务：

（1）交易收款对账。根据支付宝交易收款和淘宝订单实收款进行对账。
（2）根据淘宝交易订单号进行对账，并根据对账结果产生 ERP 收款单。

(3) 根据支付宝交易费用金额和交易费用账单中的交易费用金额进行对账。

(4) 根据对账结果产生 ERP 相关费用单据。

(5) 非交易费用对账。根据支付宝非交易费用金额和非交易费用账单中的非交易费用金额进行对账。

看到这些业务，非会计专业出身的王晨有点摸不着头脑，不知所措。

案例思考

(1) 电子商务业务与财务报表的编制有关系吗？

(2) 电子商务岗位人员开展业务时是否需要财务报表提供信息？

一、货币资金表的编制

（一）货币资金表的编制方法

货币资金表是出纳业务中常用的报表，反映企业在某一时点的货币资金情况。货币资金表通常包括企业拥有的库存现金、银行存款和其他货币资金的期初、期末两列数据。

其中，"库存现金""银行存款""其他货币资金"栏目分别根据"库存现金""银行存款""其他货币资金"三个总分类账科目的期初余额和期末余额填列。"合计"栏则直接取上述栏目对应金额栏的合计数填列。

（二）货币资金表的编制

(1) 查找"库存现金"总分类账（为方便，下文都选择使用"T"形账户），如图 2-6-1 所示。

图 2-6-1　"库存现金"总分类账

从"库存现金"总分类账中可以发现"库存现金"的期初余额为 0，期末余额为 4 016 元，将这两个金额直接填列在货币资金表对应栏目。

(2) 查找"银行存款"总分类账，如图 2-6-2 所示。

从"银行存款"总分类账中可以发现，"银行存款"的期初余额为 0，期末余额为 2 056 848 元，将这两个金额直接填列在货币资金表对应栏目。

(3) 查找"其他货币资金"总分类账，如图 2-6-3 所示。

本案例中没有其他货币资金业务，所以"其他货币资金"账户的期初余额、

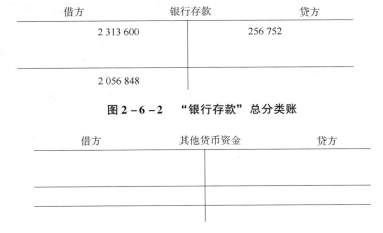

图2-6-2 "银行存款"总分类账

图2-6-3 "其他货币资金"总分类账

发生额、期末余额余额都为0。

（4）合计栏数据直接取"库存现金""银行存款""其他货币资金"三个账户期初、期末数的合计填列在对应位置。

货币资金表的编制结果如表2-6-1所示。

表2-6-1 货币资金表

编制单位： ××年××月××日 单位：元

项目	行次	期初数	期末数
库存现金	1	0	4 016
银行存款	2	0	2 056 848
其他货币资金	3	0	0
合计	4	0	2 060 864

制表人：×××

二、利润表

（一）利润表的编制方法

利润表是反映企业在一定会计期间的经营成果的报表，其编制依据是"收入－费用＝利润"这一会计等式和收入与费用的配比原则。利润表的编制有单步式和多步式两种格式，我国的利润表多采用多步式，主要编制步骤和内容如下：

（1）第一步，以营业收入为基础，减去营业成本、税金及附加、销售费用、管理费用、财务费用、资产减值损失，加上公允价变动收益（减去公允价值变动损失）和投资收益（减去投资损失），计算出营业利润。

(2) 第二步，以营业利润为基础，加上营业外收入，减去营业外支出，计算出利润总额。

(3) 第三步，以利润总额为基础，减去所得税费用，计算出净利润（或亏损）。

（二）利润表的编制

(1) 查找"主营业务收入"总分类账和"其他业务收入"总分类账，具体如图 2-6-4 所示。

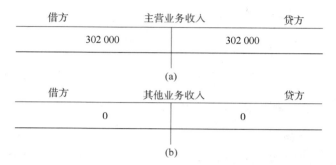

图 2-6-4　"主营业务收入"总分类账和"其他业务收入"总分类账

(a)"主营业务收入"总分类账；(b)"其他业务收入"总分类账

利润表中的"营业收入"项目指企业在从事销售商品、提供劳务和让渡资产使用权等日常经营业务过程中所形成的经济利益的总流入，包括主营业务收入和其他业务收入。通常，收入类账户的增加在贷方，减少在借方。从"主营业务收入"总分类账和"其他业务收入"总分类账看到本期的"主营业务收入"贷方发生额是 302 000 元、"其他业务收入"无发生额，所以营业收入项目的本期金额填入 302 000 元。

(2) 查找"主营业务成本"总分类账和"其他业务成本"总分类账，具体如图 2-6-5 所示。

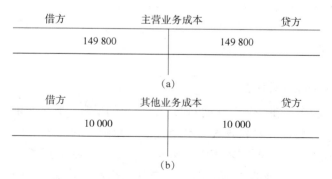

图 2-6-5　"主营业务成本"总分类账和"其他业务成本"总分类账

(a)"主营业务成本"总分类账；(b)"其他业务成本"总分类账

利润表中的"营业成本"项目指企业在从事销售商品、提供劳务和让渡资产使用权等日常经营业务过程中发生的经济利益的总流出,营业成本主要包括主营业务成本、其他业务成本。通常,支出类账户的增加在借方,减少在贷方。从"主营业务成本"总分类账和"其他业务成本"总分类账可以看到,本期的"主营业务收入"借方发生额是 149 800 元,"其他业务收入"在本期无发生额,所以营业成本项目的本期金额应填入 149 800 元。

(3) 查找"税金及附加"总分类账,具体如图 2-6-6 所示。

图 2-6-6 "税金及附加"总分类账

"税金及附加"账户的增加在借方,减少在贷方。从"税金及附加"总分类账看,到本期的借方发生额是 1 344 元,所以"税金及附加项"目的本期金额填入 1 344 元。

(4) 查找"管理费用"总分类账、"销售费用"总分类账、"财务费用"总分类账,具体如图 2-6-7 所示。

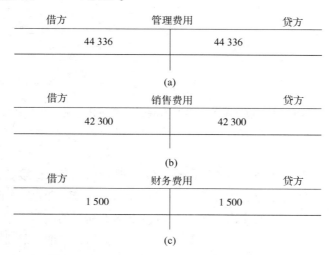

图 2-6-7 "管理费用"总分类账、"销售费用"总分类账、"财务费用"总分类账
(a)"管理费用"总分类账;(b)"销售费用"总分类账;(c)"财务费用"总分类账

从"管理费用"总分类账、"销售费用"总分类账、"财务费用"总分类账可以看到,本期的借方发生额分别是 44 336 元、42 300 元和 1 500 元,所以对应项目的本期金额应分别填入 44 336 元、42 300 元和 1 500 元。

(5) 查找"投资收益"总分类账,具体如图 2-6-8 所示。

通常，投资收益的增加在贷方，减少在借方。从"投资收益"账户看到，其本期没有发生额，填入"投资收益"项目的本期数为0。

图2-6-8 "投资收益"总分类账

(6)"营业利润"项目反映企业开展日常经营活动实现的利润。根据营业收入扣除营业成本、税金及附加、销售费用、管理费用和财务费用，加上投资收益后的金额填列。从案例中得知，本项目填入62 720（302 000 - 149 800 - 1 344 - 44 336 - 42 300 - 1 500 = 62 720）元。

(7) 查找"营业外收入"总分类账和"营业外支出"总分类账，具体如图2-6-9所示。

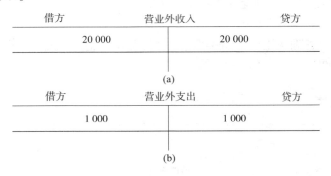

图2-6-9 "营业外收入"总分类账和"营业外支出"总分类账
(a)"营业外收入"总分类账；(b)"营业外支出"总分类账

营业外收入和营业外支出是指与企业的生产经营活动无直接关系的各项收支。营业外收支虽然与企业日常生产经营没有多大的关系，但从企业整体考虑，同样带来收入或形成企业的支出，故也是增加或减少利润的因素，会对企业的利润总额及净利润产生直接影响。从图2-6-9可以看到，本期"营业外收入"和"营业外支出"的贷方发生额、借方发生额分别是20 000元和1 000元，可将该金额分别填入利润表对应位置。

(8) 利润总额反映企业当期实现的总利润，本项目根据营业利润加营业外收入，减营业外支出的差额填列。根据前面的数据，本项目应填入81 720（62 720 + 20 000 - 1 000 = 81 720）元。

(9)"所得税费用"项目是根据应纳税的利润总额和对应税率计算得出的。为简化核算，本期利润总额没有纳税调整项目，因此本项目直接根据利润总额×

25%计算,填入金额20 430(81 720×25% =20 430)元。

(10)"净利润"项目反映企业当期实现的净利润,根据利润总额扣除所得税费用计算得出,应填入金额61 290(81 720 -20 430 =61 290)元。

利润表的编制结果如表2-6-2所示。

表2-6-2 利润表(简表)

编制单位:　　　　　　　　2018年5月　　　　　　　　会企02表
单位:元

项目	本期金额
一、营业收入	302 000
减:营业成本	149 800
税金及附加	1 344
销售费用	42 300
管理费用	44 336
财务费用	1 500
加:投资收益	0
二、营业利润	62 720
加:营业外收入	20 000
减:营业外支出	1 000
三、利润总额	81 720
减:所得税费用	20 430
四、净利润	61 290

企业负责人:　　　　　会计:　　　　　制表人:

拓展知识

对于营销人员来说,最重要的报表是利润表,但是了解企业的资产负债表,有助于分析客户单位的相关指标。

【案例一】

青岛托华普电子商务公司于2018年5月发生以下经济业务,请根据以下业务的有关内容,编制凭证,并完成利润表的编制。

(1)收到青岛丰华贸易有限公司投入资金200 000元,存入银行。

(2)收到青岛诚加科技公司投入网络平台技术软件,双方确认价值280 000元。

(3)由于季节性采购商品的需要,企业临时向银行借入30 000元,借款期限为两个月。

(4) 通过淘宝从兴华商贸公司购入甲产品43台,每台8 000元,增值税进项税额16%,增值税税额55 040元,已验收入库,且货款已通过支付宝付款。

(5) 以银行存款支付本季度短期借款利息6 000元。其中,已预提4 000元。

(6) 向上海驰丽电器有限公司购入乙产品4 000个,每个8元;丙产品2 000件,每件4元;共计40 000元,增值税税率16%,计6 400元。材料已验收入库,货款以一张商业汇票付讫。

(7) 向青岛日新电子厂购入丁产品5 000件,每件10元,共计50 000元;增值税税率16%,计8 000元。已验收入库,通过网上银行转账。

(8) 银行代扣水电费50 000元。其中,销售部门使用42 500元;管理部门使用7 500元。

(9) 分配本月职工工资82 000元。其中,营销人员67 000元;管理人员15 000元。以银行存款发放本月职工工资82 000元。

(10) 计提本月固定资产折旧。销售部5 760元,管理部门分配3 000元。

(11) 销售甲产品35台,单价10 400元,货款364 000元,增值税58 240元,当即收到转账支票,存入银行。

(12) 本月通过淘宝销售产品的情况如表2-6-3所示(支付宝收款)。

表2-6-3 本月通过淘宝销售产品的情况　　　　　　单位:元

产品	数量	单价	金额	税额	备注
甲产品/台	2	10 400.00	20 800.00	3 328.00	买2赠送10(送个乙产品)
乙产品/个	1 560	10.40	16 224.00	2 595.84	10个赠品随同甲产品一起销售
丙产品/件	2 000	5.20	10 400.00	1 644.00	
丁产品/件	3 250	13.00	42 250.00	6 760.00	买4送1,共有32人得到赠品
合计	—	—	89 674.00	14 327.84	

(13) 本月通过京东商城销售产品的情况如表2-6-4所示(网银收款):

表2-6-4 本月通过京东商城销售产品的情况　　　　　　单位:元

产品	数量	单价	金额	税额	备注
甲产品/台	1	10 400.00	10 400.00	1 644.00	赠送礼券2 000元
乙产品/个	2 330	10.50	24 465.00	3 914.40	满100使用赠券10元,共用180张礼券
丁产品/件	1 718	15.00	25 770.00	4 123.20	可参加"满100元立减5.29元"活动,共有100人享受满减活动
合计	—	—	60 635.00	9 681.60	

（14）结转已销商品成本。

（15）从淘宝购买办公用品，合计费用 4 000 元，支付宝付款。

（16）开出转账支票一张，支付电台广告费 50 000 元。

（17）以库存现金支付销售产品的快递费 480 元。

（18）以库存现金支付销售人员王均预借差旅费 1 500 元。

（19）收到供应单位违约金罚款 107 200 元，存入银行。

（20）销售人员王均报销差旅费用 1 650 元，冲减借款 1 500，余额以现金支付。

（21）根据本月应交增值税税额计算城建税税额以及教育费附加。

（22）将本月收入转入"本年利润"账户。

（23）将本月发生的成本、费用，结转到"本年利润"账户。

（24）按照本月利润计算所得税，并结转到"本年利润"账户。

（25）结转本月损益。

资产负债表的编制

资产负债表是指反映企业在某一特定日期的财务状况的报表，主要反映资产、负债和所有者权益三方面的内容，并满足"资产＝负债＋所有者权益"这一会计等式。

其中，资产应当按照流动资产和非流动资产两大类别在资产负债表中列示，在流动资产和非流动资产类别下进一步按性质分项列示。

负债应当按照流动负债和非流动负债在资产负债表中进行列示，在流动负债和非流动负债类别下进一步按性质分项列示。

所有者权益一般按照实收资本、资本公积、盈余公积和未分配利润分项列示。

通常资产负债表采用账户式结构，分为左、右两方，左方为资产，右方为负债和所有者权益。资产负债表各项目均需填列"年初余额"和"期末余额"两栏。其中"年初余额"栏内各项数字，应根据上年末资产负债表的"期末余额"栏内所列数字填列。资产负债表（简表）为简化运算，只取期末一栏金额。

金额栏可以通过以下几种方法填列：

1. 根据总分类账科目余额填列

如"应收票据""短期借款""应付票据""应付职工薪酬"等项目，根据"应收票据""短期借款""应付票据""应付职工薪酬"各总分类账科目的余额直接填列。

如"货币资金"项目，根据"库存现金""银行存款""其他货币资金"三个总分类账科目的余额合计数填列。

如"存货"项目，根据"原材料""库存商品"和"生产成本"等总分类账科目的余额合计数填列。

如"未分配利润"项目，根据"本年利润""利润分配"两个总分类账科目的余额合计数填列。

2. 根据明细分类账科目余额计算填列

如"应付账款"项目需要根据"应付账款"和"预付款项"两个科目所属的相关明细分类科目的期末贷方余额计算填列；"应收账款"项目需要根据"应收账款"和"预收款项"两个科目所属的相关明细科目的期末借方余额计算填列。

3. 根据总分类账科目和明细分类账科目余额分析计算填列

"长期借款"项目需要根据"长期借款"总分类账科目余额扣除"长期借款"科目所属的明细分类科目中根据在一年内到期且企业不能自主地将清偿义务展期的长期借款后的金额计算填列。

4. 根据有关科目余额减去其备抵科目余额后的净额填列

如资产负债表中的"应收账款""长期股权投资""在建工程"等项目应当根据"应收账款""长期股权投资""在建工程"等科目的期末余额减去"坏账准备""长期股权投资减值准备""在建工程减值准备"等科目余额后的净额填列；"固定资产"项目应当根据"固定资产"科目的期末余额减去"累计折旧""固定资产减值准备"备抵科目余额后的净额填列；"无形资产"项目，应当根据"无形资产"科目的期末余额，减去"累计摊销"备抵科目和"无形资产减值准备"备抵科目余额后的净额填列。

5. 综合运用上述填列方法分析填列

根据上述编制方法，资产负债表的编制结果如表2-6-5所示。

表2-6-5 资产负债表（简表）

会企01表

编制单位： 　　　　　　　2018年5月31日　　　　　　　单位：元

资产	期末数	负债及所有者权益	期末数
货币资金	2 060 864.00	短期借款	300 000.00
应收账款		应付账款	78 880.00
应收票据	106 720.00	应交税费	35 214.00
其他应收款		应付职工薪酬	0
存货	68 200.00	应付利息	1 500.00
流动资产合计	2 235 784.00	流动负债合计	415 594.00

续表

资产	期末数	负债及所有者权益	期末数
		长期借款	150 000.00
固定资产	400 000.00	长期负债合计	150 000.00
累计折旧	8 900.00	负债合计	565 594.00
固定资产净值	391 100.00	实收资本	2 000 000.00
长期资产合计	391 100.00	未分配利润	61 290.00
		所有者权益合计	2 061 290.00
资产合计	2 626 884.00	权益合计	2 626 884.00

企业负责人： 会计： 制表人：

【注】400 000 元的固定资产属于筹建期间收到投资者投入并安装完成。

第二节 财务报表分析

一、财务报表分析的目的

财务报表分析的结果是重要的经营资讯，是经营过程各环节运行状况的重要信号。透过这些财务信息，企业的投资者、债权人、管理者可以捕捉到有参考价值的资讯，并对自身的经营行为做出必要的反应和调整，以达成正确的经营决策。

1. 评价企业的经营业绩

企业的经营业绩由一系列财务指标组成，如净利的多少，利润率的高低等。企业的管理者可以借助于对这些指标的分析、研究来评价企业过去的经营业绩。

2. 衡量企业的财务状况

企业的财务状况隐含于资产负债表中，如企业的资产、负债和所有者权益的结构，存货、应收账款周转的快慢等财务指标都需要通过财务报表分析来解释。企业的管理者通过这些分析对企业的财务状况做出客观的评价。

3. 预测企业的发展趋势

财务报表的分析者将可供选择的若干方案在财务上的可行性进行研究、比较，权衡利弊得失，分析企业的财务状况与经营成果的未来发展趋势，协助企业管理者达成有效的决策。

此外，财务报表的服务对象包括企业的债权人、投资者、管理者、政府机构等。因为不同的服务对象所处的角度和考虑的利害关系不同，所以他们研究财务报表的目的也有区别，具体见表 2-6-6。

表 2-6-6 不同服务对象研究财务报表的目的

服务对象	报表分析目的
债权人	1. 短期债权人着眼于短期财务状况、短期偿债能力、存货周转率和获利能力等； 2. 长期债权人着眼于长期偿债能力、资本结构、经营能力、获利能力和经营现金流量； 3. 资产变现净值的高低会影响债权人的权益
投资人	着眼于企业财务状况、资本结构、资产运用效率和获利能力，注重其在企业所占权益的多少
管理者	着眼于短期和长期偿债能力、资本结构、每股账面价值与盈余、投资报酬率和资产使用效率
政府机构	取决于各政府机构的职能

二、报表分析的方法

（一）比较分析法

比较分析法是财务报表分析中最常见的一种方法，也是一种基本方法。它是指将实际的数据同特定的各种标准比较，从数量上确定其差异，并进行差异分析或趋势分析的一种分析方法。

差异分析就是指通过差异揭示成绩或差距，做出评价，并找出产生差异的原因及其对差异的影响程度，为今后改进企业经营管理指引方向的一种分析方法。趋势分析是指将实际达到的结果，同不同时期财务报表中同类指标的历史数据进行比较，从而确定财务状况、经营成果和现金流量的变化趋势和规律的一种分析方法。

通过比较，发现差距，寻找产生差异的原因，进一步判定企业的经营成绩和财务状况；通过比较，要确定企业生产经营活动的收益性和企业资金投向的安全性，说明企业是否在健康地向前发展；通过比较，既要看到企业的不足，也要看到企业的潜力。

比较分析法的计算公式为

$$差异量 = 实际指标 - 标准指标$$
$$差异率 = 差异量 \div 标准指标 \times 100\%$$

（二）比率分析法

比率分析法是通过计算两个不同类但具有一定依存关系的项目之间的比例，揭示它们之间的内在结构关系的一种分析方法。它通常反映了财务报表各项目的横向关系。在财务报表结构分析中，应在两个场合之间使用比率分析法：同一张财务报表的不同类项目之间（如流动资产与流动负债）；不同财务报表的有关项目之间（如销售收入与存货）。

（三）因素分析法

因素分析法又称连环替代法，它用来计算几个相互联系的因素对综合财务指标或经济指标以及财务报表项目的影响程度。通过这种计算，可以衡量各项因素影响程度的大小。如果说比较分析法和比率分析法旨在建立或计算各种财务指标或经济指标，确定各项财务和经营结构或会计项目结构，那么，因素分析法就是对其中的综合性指标或项目做进一步的内部结构分析，即对影响或决定综合指标或项目的各项因素及其对综合指标或项目的影响程度做出测定和评价。

因素分析法可以在两种情况下深化结构分析：对综合指标的构成因素进行影响程度分析；对财务报表项目的构成因素进行影响程度分析。

（1）对综合指标构成因素进行影响程度分析。综合性财务或经济指标通常涉及不同报表中的两个项目或更多的项目，对这类指标进行影响程度分析就是要判断各财务报表项目对所计算的指标结果的影响。

（2）对财务报表项目的构成因素进行影响程度分析。财务报表项目通常受多项构成因素影响，对财务报表项目构成因素进行影响程度分析，就是要确定这些因素对财务报表项目总结果的影响程度。

三、财务分析的内容

（一）偿债能力分析

企业偿债能力是财务报表分析的重要组成部分，是指企业用其资产偿还债务的能力。企业有无支付现金的能力和偿还债务的能力，是企业能否生存和健康发展的关键。

企业偿债能力是反映企业财务状况和经营能力的重要标志。偿债能力是企业偿还到期债务的承受能力或保证程度，包括偿还短期债务的能力和偿还长期债务的能力。

企业偿债能力，静态的讲，就是用企业资产清偿企业债务的能力；动态的讲，就是用企业资产和经营过程创造的收益、偿还债务的能力。

反映偿债能力的指标包括：

1. 流动比率

流动比率表示每1元流动负债有多少流动资产作为偿还的保证。它反映公司流动资产对流动负债的保障程度。

$$流动比率 = 流动资产合计 \div 流动负债合计$$

一般情况下，该指标越大，表明公司短期偿债能力强。通常，该指标在200%左右较好。在运用该指标分析公司短期偿债能力时，还应结合存货的规模大小、周转速度、变现能力和变现价值等指标进行综合分析。如果某一公司虽然流动比率很高，但其存货规模大，周转速度慢，有可能造成存货变现能力弱，变现价值低,那么,该公司的实际短期偿债能力就要比指标反映的弱。

在案例中,企业 2018 年的部分报表数据摘录如下,试计算流动比率。

项目	2018 年
流动资产/元	2 235 784.00
流动负债/元	415 594.00
流动比率	5.38

2018 年流动比率为 5.38,表明每 100 元的流动负债有 538 元的流动资产予以保障。

2. 速动比率

速动比率 =(流动资产合计 - 存货净额)÷流动负债合计

在运用该指标分析公司短期偿债能力时,应结合应收账款的规模、周转速度和其他应收款的规模以及它们的变现能力进行综合分析。如果某公司速动比率虽然很高,但应收账款周转速度慢,变现能力差,那么该公司较为真实的短期偿债能力要比该指标反映的差。

在案例中,企业 2018 年的部分报表数据摘录如下,试计算速动比率。

项目	2018 年
流动资产/元	2 235 784.00
存货/元	68 200.00
速动资产/元	2 167 584.00
流动负债/元	415 594.00
速动比率	5.22

2018 年速动比率为 5.22,表明每 100 元的流动负债有 522 元的速动资产予以保障。一般情况下,该指标越大,表明公司短期偿债能力越强,通常该指标在 100% 左右较好。

由于预付账款、待摊费用、其他流动资产等指标的变现能力差或无法变现,所以,如果这些指标规模过大,那么在运用流动比率和速动比率分析公司短期偿债能力时,还应扣除这些项目的影响。

3. 现金比率

现金比率表示每 1 元流动负债有多少现金及现金等价物作为偿还的保证,反映公司可用现金及变现方式清偿流动负债的能力。

现金比率 =(货币资金 + 交易性金融资产)÷流动负债合计

在案例中,企业 2018 年的部分报表数据摘录如下,试计算现金比率。

项目	2018 年
货币资金/元	2 060 864.00
流动负债/元	415 594.00
现金比率	4.96

该指标能真实地反映公司实际的短期偿债能力。该指标值越大，表明公司的短期偿债能力越强。企业的现金比率为 4.96，表明每 100 元流动负债有 496 元的现金及现金等价物作为保证。这说明本企业的现金充裕，同时也反映企业的货币资金过多，没有用于高效益的项目。

（二）资本结构分析

资本结构是财务报表分析的重要指标，是指企业各种资本的价值构成及其比例关系，是企业一定时期筹资组合的结果。广义的资本结构是指企业全部资本的构成及其比例关系。企业一定时期的资本可分为债务资本和股权资本，也可分为短期资本和长期资本。狭义的资本结构是指企业各种长期资本的构成及其比例关系，尤其是指长期债务资本与（长期）股权资本之间的构成及其比例关系。最佳资本结构是使股东财富最大或股价最大的资本结构，也是使公司资金成本最小的资本结构。

企业的资本结构反映的是企业债务与股权的比例关系，它在很大程度上决定着企业的偿债和再融资能力，决定着企业未来的盈利能力。合理的融资结构可以降低融资成本，发挥财务杠杆的调节作用，使企业获得更大的自有资金收益率。

1. 资产负债率

资产负债率又称负债比率，是负债总额除以资产总额的百分比，也就是负债总额与资产总额的比例关系。资产负债率反映在总资产中有多大比例是通过借债来筹资的，也可以衡量企业在清算时保护债权人利益的程度。

资产负债率 =（负债总额÷资产总额）×100%

资产负债率越低，股东或所有者权益所占的比例越大，说明企业的实力越强，且债权的保障程度高；反之，该指标越小，说明股东或所有者权益所占的比例就越小，企业的实力越弱，偿债风险高，债权的保障程度低，债权人的安全性差。

在案例中，企业 2018 年的部分报表数据摘录如下，试计算资产负债率。

项目	2018 年
负债总额/元	565 594.00
资产总额/元	2 626 884.00
资产负债率/%	21.53

企业的资产负债率是21.53%，表明企业的资产中负债比例较低，债权能够得到较好的保障，相对安全。

2. 权益乘数

权益乘数就是指企业的资产总额是所有者权益的多少倍。该乘数越大，说明投资者投入的一定量资本在生产经营中所运营的资产越多。

$$权益乘数 = (资产总额 \div 股东权益总额) \times 100\%$$
$$= 1 \div 股东权益比率$$

在案例中，企业2018年的部分报表数据摘录如下，试计算权益乘数。

项目	2018年
资产总额/元	2 626 884.00
股东权益总额/元	206 296.00
权益乘数	1.27

权益乘数与股东权益比率的乘积应该等于1。权益乘数和股东权益比率都是对资产负债率的必要补充，侧重揭示资产总额与所有者权益的倍数关系；而资产负债率侧重揭示总资产中有多少是靠负债取得的，用以说明债权人权益的受保障程度。

3. 产权比率

产权比率也称负债与所有者权益比率，用以反映负债占所有者权益的比例。

$$产权比率 = (负债总额 \div 所有者权益总额) \times 100\%$$

在案例中，企业2018年的部分报表数据摘录如下，试计算产权比率。

项目	2018年
负债总额/元	565 594.00
股东权益总额/元	2 061 290.00
产权比率	0.27

产权比率是资产负债率的另一种表现形式，更侧重于揭示企业财务结构的稳健程度以及所有者权益对偿债风险的承受能力。

产权比率越低，表明企业的长期偿债能力越强，债权人承担的风险越小。但当该比率过低时，所有者权益比重过大，意味着企业有可能失去充分发挥负债的财务杠杆作用；反之，当产权比率过高时，表明企业过度运用财务杠杆，增加了企业财务风险。

（三）经营效率分析

1. 现金周转率

现金周转率是指企业营业收入与现金平均余额的比率，用以表明企业对现金的管理水平和利用效率，从而反映企业利用现金来产生收益的能力。

现金周转率 =（主营业务收入÷现金平均余额）×100%

其中，现金包括库存现金和可随时支取的银行存款。

现金平均余额 =（期初现金 + 期末现金）÷2

现金周转天数 = 计算期天数÷现金周转率

在案例中，企业 2018 年的部分报表数据摘录如下，试计算现金周转率。

项目	2018 年
主营业务收入/元	302 000.00
现金平均余额/元	2 060 648.00
现金周转率/%	14.65

【注】由于案例中企业刚创立（详见本书第二篇第二章第四节"导入案例"），仅经营一个月，没有期初数据，为避免后期指标波动过大，所以本指标中现金平均余额取期末数据。

现金周转率高，意味着企业对现金的利用效率较好，但是也表明企业日常持有的现金过少，这也可能是出现潜在财务困难的先导信号。相反，过低的现金周转率一方面反映企业现金充裕；另一方面也说明企业持有现金过多，现金闲置，管理者没有充分利用机会将现金投入企业运行或投资产生效益。企业的现金周转率为 14.65%（比例过低），说明企业持有大量的现金而没有充分利用。

因此，一个企业的现金周转率是否恰当，现金持有量是否合理，应充分考虑行业性质和业务性质，在流动性和营利性直接做出权衡。

2. 存货周转率

存货周转率 = 主营业务成本÷存货平均余额×100%

其中

存货平均余额 =（期初存货 + 期末存货）÷2

存货周转天数 = 计算期天数÷存货周转率

在案例中，企业 2018 年的部分报表数据摘录如下，试计算存货周转率。

项目	2018 年
主营业务成本/元	149 800.00
存货平均余额/元	68 200.00
存货周转率/%	220

【注】由于案例中企业刚创立，仅经营一个月，没有期初数据，为避免后期指标波动过大，所以本指标中存货平均余额取期末数据。

企业的存货周转率为 220%。企业的存货周转率越高，存货资金占用越低，表明企业存货转化为现金或应收账款的速度快,管理效率高。但是存货周转率高,可能说明企业存在存货资金投入少、存货储备不足、存货采购困难、或采购次数频繁、批量太少等问题。反之,存货周转率低,则表明企业存货周转较慢,存货占用资金多,管理效率低。

(四) 盈利能力分析

1. 销售毛利率

销售毛利率是毛利占销售净值的百分比,通常称为毛利率。其中,毛利是销售收入与销售成本的差额。

$$销售毛利率=(销售收入-销售成本)\div 销售净收入\times 100\%$$

通常,分析者主要考察企业主营业务的销售毛利率。在上市公司财务报表中

$$主营业务销售毛利率=(主营业务收入-主营业务成本)\div 主营业务收入\times 100\%$$

在案例中,企业2018年的部分报表数据摘录如下,试计算销售毛利率。

项目	2018年
主营业务收入/元	302 000.00
主营业务成本/元	149 800.00
销售毛利率/%	50.4

销售毛利是销售净额与销售成本的差额。如果销售毛利率很低,则表明企业没有足够多的毛利额,补偿期间费用后的盈利水平就不会高;也可能无法弥补期间费用,出现亏损局面。通过销售毛利率,可预测企业的盈利能力。企业的销售毛利率是50.4%,相对较高,企业的盈利能力尚可。

2. 销售净利率

销售净利率是指企业实现净利润与销售收入的对比关系,用以衡量企业在一定时期的销售收入获取的能力。

销售净利率又称销售净利润率,是净利润占销售收入的百分比。

$$销售净利率=净利润\div 销售收入\times 100\%$$

在案例中,企业2018年的部分报表数据摘录如下,试计算销售净利率。

项目	2018年
销售收入/元	302 000.00
净利润/元	61 290.00
销售净利率/%	20.29

企业的销售净利率为 20.29%，说明 1 元销售收入可带来 0.202 9 元的净利润，这表示销售收入的收益水平较低。该指标与净利润成正比关系，与销售收入成反比关系，企业在增加销售收入额的同时，必须相应地获得更多的净利润，才能使销售净利率保持不变或有所提高。

经营中往往可以发现，企业在扩大销售的同时，由于销售费用、财务费用、管理费用的大幅增加，企业净利润并不一定会同比例的增长，甚至会负增长。盲目扩大生产和销售规模未必会为企业带来正的收益。因此，通过分析销售净利率的升降变动，可以促使企业在扩大销售的同时，注意改进经营管理，提高盈利水平。

（五）投资收益分析

净资产收益率

$$净资产收益率 = 净利润 \div 所有者权益 \times 100\%$$

在案例中，企业 2018 年的部分报表数据摘录如下，试计算净资产收益率。

项目	2018 年
所有者权益/元	2 061 209.00
净利润/元	61 290.00
净资产收益率/%	2.97

净资产收益率也叫净值报酬率或权益报酬率，该比率可衡量企业对股东投入资本的利用效率。它弥补了每股税后利润指标的不足。例如，在企业对原有股东送红股后，每股盈利下降，这会在投资者中造成错觉，以为企业的获利能力下降了，而事实上，企业的获利能力并没有发生变化，此时用净资产收益率来分析公司获利能力就比较适宜。

企业的净资产收益率为 2.97%，表明股东投入 100 元的股本时，只产生了 2.97 元的净利润，企业的获利能力稍差。但应考虑到这是一家新成立的企业，在成立初期能够实现利润，已经非常难得。

拓展知识

一、报表分析的相关概念

（一）资产总额

资产总额是指企业拥有或控制的全部资产，这些资产包括流动资产、长期投资、固定资产、无形及递延资产、其他长期资产等，即为企业资产负债表的资产总计项，可以直接从资产负债表取值。

（二）净资产

净资产是归企业所有并可以自由支配的资产，是企业的资产总额减去负债以后的净额,即所有者权益。净资产由两大部分组成:一部分是企业开办时投入的资本,含资本溢价部分;另一部分是企业在经营过程中创造的净利润,也包括企业接受捐赠的资产。二者都属于所有者权益。

净资产标志着企业的经济实力,因为任何一个企业的经营都是以其净资产数量为依据的。如果一个企业负债过多而实际拥有的净资产较少,那么意味着其经营成果的绝大部分都将用来还债;如负债过多出现资不抵债的现象,则企业将面临破产的危险。

(三) 每股净资产

每股净资产是指净资产与股本总数的比率。其计算公式为

$$每股净资产 = 所有者权益 \div 总股本数$$

这一指标反映每股股票所拥有的净资产现值。每股净资产越高,股东拥有的资产现值越多;每股净资产越少,股东拥有的资产现值越少。通常,每股净资产越高越好。

每股净资产反映期末每股在公司账面上到底值多少钱,如在企业性质相同、股票市价相近的条件下,某一公司股票的每股净资产越高,则企业发展潜力与其股票的投资价值就越大,投资者所承担的投资风险就越小。

(四) 利润总额

利润总额是衡量企业经营业绩的一项十分重要的经济指标。利润总额指企业在生产经营过程中各种收入扣除各种耗费后的盈余,反映企业在报告期内实现的盈亏总额。

当利润总额为负时,说明企业一年经营下来,其收入还抵不上成本开支及应缴的营业税,即企业发生亏损;当利润总额为零时,企业一年的收入正好与支出相等,企业经营不亏不赚,即盈亏平衡;当利润总额大于零时,企业一年的收入大于支出,即企业盈利。

(五) 资本结构

资本结构是指所有者权益和债权人权益的比例关系。狭义上,资本结构是指企业长期负债和权益资本的比例关系,广义上则指企业各种要素的组合结构。资本结构是企业融资的结果,它决定了企业的产权归属,也规定了不同投资主体的权益以及所承受的风险。

二、补充的财务指标

(一) 偿债能力分析

1. 资本周转率

资本周转率表示可变现的流动资产与长期负债的比例,反映公司清偿长期债

务的能力。

资本周转率 = (货币资金 + 短期投资 + 应收票据) ÷ 长期负债合计

在案例中，企业2018年的部分报表数据摘录如下，试计算资本周转率。

项目	2018年
货币资金/元	2 626 884.00
应收票据/元	106 772.00
长期负债/元	150 000.00
资本周转率/%	1 445.06

一般情况下，该指标值越大，表明企业近期的长期偿债能力越强，债权的安全性越好。企业的资本周转率为1 445.06%，表明企业近期的长期偿债能力超强，长期债权很安全。

同时，在运用该指标时应该注意到企业的负债主要是流动负债，长期负债的比例很低，虽然企业长期偿债能力较强，但也要关注负债结构的合理性。

2. 利息支付倍数

利息支付倍数表示息税前收益对利息费用的倍数，反映企业负债经营的财务风险程度。

利息支付倍数 = (利润总额 + 财务费用) ÷ 财务费用

在案例中，企业2018年的部分报表数据摘录如下，试计算利息支付倍数。

项目	2018年
利润总额/元	81 720.00
财务费用/元	1 500.00
利息支付倍数	54.48

一般情况下，该指标值越大，表明企业偿付借款利息的能力越强，负债经营的财务风险越小。企业的利息支付倍数是54.48，说明企业负债经营的财务风险很小，偿付借款利息的能力超强。

(二) 资本结构分析

股东权益比率

股东权益比率又称所有者权益比率、主权比率、净值比率，是股东权益与资产总额的比率。

股东权益比率 = (股东权益总额 ÷ 资产总额) ×100%

在案例中,企业2018年的部分报表数据摘录如下,试计算股东权益比率。

项目	2018年
资产总额/元	2 620 884.00
股东权益总额/元	2 061 290.00
股东权益比率/%	78.47

股东权益比率反映所有者提供的资本在总资产中所占的比例,揭示股东对企业资产的净权益,反映企业基本财务结构是否稳定。企业的股东权益比率是78.47%,表明企业的资产中股东收益所占比例过半,债权人所占比例较少,财务结构比较稳定。

股东权益比率与资产负债率之和应该等于1。因此,这两个比率是从不同侧面反映企业的长期资金来源。股东权益比率越大,资产负债比率就越小,企业的财务风险越小;反之亦然。

(三) 经营效率分析

1. 应收账款周转率

应收账款周转率是指企业商品或产品赊销净额与应收账款平均余额的比率,即应收账款在一定时期内(通常为一年)周转的次数。应收账款周转率是反映企业的应收账款变现速度和管理效率的指标。

$$应收账款周转率 = 赊销收入净额 \div 应收账款平均余额$$

其中,赊销收入净额 = 主营业务收入 − 现金销售收入 − 销售折扣 − 销售折让 − 销货退回等。

$$应收账款平均余额 = (期初应收账款 + 期末应收账款) \div 2$$

$$现金周转天数 = 计算期天数 \div 现金周转率$$

企业的应收账款周转率越高,周转次数越多,表明企业应收账款回收速度越快,企业经营管理的效率越高,资产流动性越强,短期偿债能力越强,同时可以有效减少坏账损失,从而增加企业的流动资产;反之,较低的应收账款周转率,表明企业的流动资金过多的滞留在应收账款上,影响正常的资金周转,企业应该加强应收账款的管理和催收。当然,如果应收账款周转率过高,则也可能是因为企业执行了比较严格的信用政策、信用标准和付款条件。这有可能会限制企业的销售量,从而影响企业的盈利。

2. 总资产周转率

$$总资产周转率 = 主营业务收入净额 \div 平均资产总额$$

其中,主营业务收入净额是减去销售折扣及折让等后的净额。

$$平均资产总额 = (期初资产总额 + 期末资产总额) \div 2$$

总资产周转天数 = 计算期天数 ÷ 总资产周转率

在案例中，企业 2018 年的部分报表数据摘录如下，试计算总资产周转率。

项目	2018 年
主营业务收入/元	302 000.00
平均资产总额/元	2 626 884.00
总资产周转率/%	11.50

[注] 由于案例中企业刚创立，仅经营一个月，没有期初数据，为避免后期指标波动过大，所以本指标中资产平均余额取期末数据。

总资产周转率是考察企业资产运营效率的一项重要指标，体现了企业经营期间全部资产从投入到产出的流转速度，反映了企业全部资产的管理质量和利用效率。一般情况下，该数值越高，表明企业总资产周转速度越快，销售能力越强，资产利用效率越高。企业的总资产周转率为 11.50%，数值较低，表明企业的销售能力较弱，资产的利益效率低。

（四）投资收益分析

1. 市盈率

市盈率是某种股票每股市价与每股盈利的比率。通常市场广泛谈及的市盈率指的是静态市盈率，常用来作为比较不同价格的股票是否被高估或者低估的指标。

市盈率 = 每股市价 ÷ 每股盈余 × 100%

用市盈率衡量一家企业股票的质地时，并非总是准确的。一般认为，如果一家公司股票的市盈率过高，那么该股票的价格具有泡沫，价值被高估。当一家增长迅速以及未来的业绩增长非常看好时，利用市盈率比较不同股票的投资价值时，这些股票必须属于同一个行业，因为此时的每股收益比较接近，相互比较才有效。

2. 资本保值增值率

资本保值增值率 = 期末所有者权益 ÷ 期初所有者权益 × 100%

或

资本保值增值率 = 扣除客观因素后的期末所有者权益 ÷ 期初所有者权益 × 100%

资本保值增值率是指企业本年末所有者权益扣除客观增减因素后同年初所有者权益的比率。该指标表示企业当年资本在企业自身的努力下的实际增减变动情况，是评价企业财务效益状况的辅助指标，反映了投资者投入企业资本的保全性和增长性。该指标越高，表明企业的资本保全状况越好，所有者权益增长越快，债权人的债务越有保障,企业发展后劲越强。

恒运公司 2018 年资产负债表(简表)、利润表(简表)和历史财务数据如表 2-6-7 至表 2-6-9 所示。

表 2-6-7 资产负债表(简表)

单位名称:恒运公司　　　　　2018 年 5 月 31 日　　　　　　　　单位:万元

资产	期末数	年初数	负债和所有者权益	期末数	年初数
流动资产			流动负债		
货币资金	61 110	527 800	应付票据	540 000	400 500
应收票据	400 090	560 000	应付账款	780 000	890 000
应收账款	970 000	1 100 000	其他流动负债	45 000	500 000
存货	1 200 000	1 500 000	长期借款	180 0000	1 500 000
流动资产合计	2 631 200	3 687 800	负债合计	3 165 000	3 290 500
固定资产	3 850 000	4 000 000	所有者权益	3 316 200	4 397 300
非流动资产合计	3 850 000	4 000 000	所有者权益合计	3 316 200	4 397 300
资产合计	6 481 200	7 687 800	权益合计	6 481 200	7 687 800

表 2-6-8 利润表(简表)

单位名称:恒运公司　　　　　2018 年　　　　　　　　　　　单位:万元

项目	金额
一、营业收入	22 500 000
减:营业成本	12 800 000
销售费用	4 000 000
管理费用	3 500 000
财务费用	1 500 000
二、营业利润	700 000
减:所得税费用	175 000
三、净利润	525 000

表 2-6-9 历史财务数据

财务比率	年份			行业平均值
	2016 年	2017 年	2018 年	
应收账款周转天数	15.2	15.5		20.0
存货周转天数	7.1	6.0		8.0
流动资产周转率	5.4	6.7		1.5
营业资本周转率	13.0	18.0		15.0
总资产周转率	2.5	2.6		2.7

要求:根据以上资料计算 2018 年各财务比率,并对各指标进行简要分析。

三、杜邦财务分析

杜邦分析法就是利用几种主要的财务比率之间的关系来综合地分析企业的财务状况，这种分析方法最早由美国杜邦公司使用，故名杜邦分析法。

杜邦分析法是一种用来评价公司赢利能力和股东权益回报水平，并从财务角度评价企业绩效的一种经典分析方法。其基本思想是将企业净资产收益率逐级分解为多项财务比率乘积，这样有助于深入分析比较企业的经营业绩。

（1）净资产收益率是一个综合性最强的财务分析指标，是杜邦分析法的核心。

（2）资产净利率是影响权益净利率的最重要的指标，具有很强的综合性，而资产净利率又取决于销售净利率和总资产周转率的高低。总资产周转率反映总资产的周转速度。对资产周转率进行分析时，需要对影响资产周转的各因素进行分析，以判明影响企业资产周转的主要问题在哪里。销售净利率反映销售收入的收益水平。扩大销售收入，降低成本费用是提高企业销售利润率的根本途径，而扩大销售，同时也是提高资产周转率的必要条件和途径。

（3）权益乘数表示企业的负债程度，反映了企业利用财务杠杆进行经营活动的程度。资产负债率高，权益乘数就大，这说明企业负债程度高，企业会有较多的杠杆利益，但风险也高；反之，资产负债率低，权益乘数就小，这说明公司负债程度低，公司会有较少的杠杆利益，但相应所承担的风险也低。

从企业绩效评价的角度来看，杜邦分析法只包括财务方面的信息，不能全面反映企业的实力，有很大的局限性，在实际运用中必须结合企业的其他信息加以分析。主要表现在：

（1）对短期财务结果过分重视，有可能助长企业管理层的短期行为，忽略企业长期的价值创造。

（2）财务指标反映的是企业过去的经营业绩，衡量工业时代的企业能够满足要求。但在目前的信息时代，消费者、供应商、雇员、技术创新等因素对企业经营业绩的影响越来越大，而杜邦分析法在这些方面是无能为力的。

（3）在目前的市场环境中，企业的无形知识资产对提高企业长期竞争力至关重要，杜邦分析法却不能解决无形资产的估值问题。

第七章

网络风险与内部控制

【知识目标】

◇ 了解电子商务模式下，企业经营的网络风险；
◇ 了解风险与收益的关系；
◇ 掌握企业在应对网络风险时采取的内部控制措施。

【技能目标】

◇ 通过了解网络风险，培养学生在企业经营中准确识别网络风险的能力；
◇ 通过学习企业如何采取内部控制措施，培养学生建立、健全企业内部控制和抵御网络风险的能力。

第一节 网络风险介绍

【导入案例】

网络诈骗新预警

随着互联网的发展，网购在现实生活中在为市民提供便利的同时，也存在相应的安全隐患。近日，两名南昌市民在淘宝购物时，遭到了犯罪嫌疑人以相同方式假扮"淘宝客服"，并称交易不成功，发来"退款网址"要求受害人输入银行卡账号并将手机验证码告知对方，从而侵入其银行卡的网络诈骗。近日，西湖刑侦六中队连续接到了以相同方式被"网络诈骗"的报案，两报案人分别被骗了65 000元和110 000万元。民警从两名受害人处了解到，两人均是在淘宝购物时，遇到了上述情况。然后没过多久，就发现自己银行卡上的钱被人转走了。

案例思考

（1）试分析网络诈骗的危害。

（2）我们应该如何防范网络风险？

一、网络风险的含义

风险是预期结果的不确定性，即在决策中，如果将来的实际结果与预想的结果有可能不一致，就意味着是有风险的。从电子商务角度看，风险是指秘密数据丢失的可能性，或者由于数据或程序被破坏、生成和使用，而伤害到他人利益的可能性，这也包括硬件被破坏的可能性。所以，分析电子商务中可能存在的各种风险，并采取相应的风险管理和安全防范措施尤为重要。电子商务的风险性与安全性问题越来越受到人们的关注。

二、电子商务风险的类型

（一）消费者面临的风险

（1）虚假的或恶意的网站。恶意网站一般都是为窃取访问者的身份证信息与口令、窃取信用卡信息、偷窥访问者的硬盘或从访问者硬盘中下载文件而设立的。窃取访问者的身份证信息与口令的手段是设立一个恶意的网站，要求使用者"注册"并给出一个口令。口令是使用者自愿给出的，只有在口令被使用者同时应用于许多不同事务时，如银行卡、与工作有关的口令以家庭安全警报口令等，才可能对使用者造成危害。

（2）从销售代理及网络服务供应商（ISP）处窃取用户数据。用户在网上购买商品与服务，包括通过ISP连入网络，一般都采用信用卡付款方式。信用卡信息为销售代理或ISP保存。不幸的是，对于用户来说，黑客们偶尔会成功地闯入销售代理或ISP的系统，从而攫取用户的信用卡数据。

（3）隐私问题。在网络上，个人信息，包括个人资料、消费习惯、阅读习惯、交往信息、通信信息等，很容易被商家和网络经营者收集和利用，而这些收集和利用不仅会侵犯用户的一些隐私权，还可能成为其他侵权或骚扰行为的铺垫。

（二）销售商面临的风险

当提及电子商务的风险时，总习惯性地认为是客户面临风险，其实销售商面临的风险也很大。

在电子商务中，销售商面临的风险主要有以下几个方面，即假客户、被封锁服务、数据被窃域名的注册等。

（1）假客户。假客户是指一些人假扮合法客户来订购产品或服务。例如，

187

用假信用卡号来骗取免费服务和免费产品,或者要求送货而没有人来支付。

(2) 被封锁服务。被封锁服务是指销售商的计算机和网络资源被黑客攻击和封锁。这类攻击程序的代码在一些黑客程序的网址上很容易找到,而且很难被追踪到。

(3) 数据被窃。数据被窃是销售商们面临的一种很常见的风险。对于那些以数字化形式存储的并连接到公共通信线路上的数据文件来说,黑客可以随时、随地作案,而且很难被追踪到。

(4) 域名的注册。在电子商务发展的初期,人们对域名的重要性并没有充分认识,许多公司疏于对网络世界的关注,对自己的公司名称、商标、商号、个人姓名等未进行及时的域名注册,结果导致与其相关的名称被他人以相同或者近似的名称捷足先登,给组织造成不必要的损失。例如,康柏计算机公司曾于1998年出500万美元回购被他人抢注的域名。目前,我国正处于域名注册管理制度不严谨的状态,在利益的驱动下,出现了专门以注册他人公司名称、商标等域名为常业并以高价出售这些域名的单位和个人(被称为"网络蟑螂")。

(三) 企业面临的风险

许多企业已经开始构建内部网络,随着网络技术的发展,企业可以将自己的网络同其他企业的网络或开放的网络相连接,构成强大的网络通信世界。这样,企业内部各部门之间、企业同合作伙伴之间及同消费者之间都可以进行实时的信息交流。但这样的网络互联也存在很大的风险性,归纳起来主要包括企业内部网络的风险和企业间进行商务活动时的风险。

(1) 企业内部网络的风险。据统计,对网络系统的攻击,有85%是来自企业内部的黑客。这些黑客可能是企业从前的雇员,也可能是在职员工。

企业内部网络的风险主要有两种:金融诈骗、盗取文件或数据。金融诈骗是指更改企业计算机内财务方面的记录,以骗得企业的钱财或为企业减免税等。这种风险的作案手段很多,有采用黑客程序的,更多的则是贿赂有关操作人员。盗取文件或数据是一种很常见的黑客方式。由于网络将各个雇员的计算机同企业各种重要的数据库、服务器等连接起来,所以雇员进行越权访问和复制机密数据或文件的机会就会大大增加。

(2) 企业间进行商务活动时的风险。企业在与其他企业进行商务合作或竞争时,其他企业可能利用非法手段窃取该企业的文件或数据。

这其中的风险可分为两类:传输中数据的被盗和企业计算机上的数据及文件被盗。企业间在进行数据交换时,会面临很多风险问题。从电子商务的角度看,这类风险主要有消息源的认证、运送证明、消息的完整性和未授权浏览、消息的及时运送等问题。另外,由于电子商务的需要,企业会有相当多的文档、数据等存放在与网络相连的网络计算机上,一旦黑客攻击到这些机器,那么数据和文件便有可能被破坏、修改和窃取。

三、网络风险的防范方法

针对以上分析的、在发展电子商务过程中不同对象所面临的不同风险，提出以下防范方法。

（一）消费者的风险防范

消费者的风险防范，归纳起来，主要应从三个方面加强。

（1）设定的密码最好避免使用生日等容易被别人破译的密码，而且要经常更改密码以减少被盗用的概率。

（2）在各种与网络相关的事务中，一定要坚持使用不同的密码。在不同的网址尽量使用不同的密码。而且，在选择 ISP 时，应选择信誉好、可靠性高的公司。

（3）不要轻易将密码告诉他人，尤其不要轻信系统管理员提出的"需要你的账号、密码来维护系统"的说法。

（4）对于黑客攻击系统而攫取消费者的信用卡数据所造成的信息泄密，消费者确实没有什么办法，除非消费者在网上根本不运用任何信用卡信息。

（二）销售商的风险防范

销售商面临的风险主要是数据被窃，这一点同企业的数据被窃类似。针对这一点，销售商应该从加强自身网络技术措施来加强风险防范，可参考后面提到的企业的风险防范。

至于域名注册方面的风险防范，则要求销售商加强域名的注册。尽早确立组织自身在网络世界的合法地位，是避免域名纠纷的最佳防范措施。

（三）企业的风险防范

前面已经提到，企业的风险主要来自内部和外部两个方面。下面分别针对这两个方面提出相应的防范措施。

1. 企业内部网络风险的防范

由于企业内部网络的风险主要是由企业员工对企业系统的攻击产生的，所以可采取以下手段：

（1）对企业的各种资料信息设置秘密等级，并予以明确的标识，分等级分别管理。也就是说，公司的高层人员、中层人员以及下层的工作人员所能够看到的关于公司的资料应该是不同的。规定每个员工（包括不同业务主管）接触秘密的权限，每个员工不得接触自己无权接触的秘密等级的档案资料。

（2）专人管理商业秘密，定岗定责，不能无人负责。同时，上级主管应当定期予以监督检查。

（3）要求员工经常更换自己使用的密码，不能给窃密者造成机会。

（4）采取加密措施。对于需要使用网络来传输并涉及商业秘密的文件、信息时，可以使用加密计算机程序。而信息的被送达人享有该钥匙。这种措施对于传送文件、信息途中的窃取、窃听以及员工因过失按错送达对象按钮，都可以有效保守秘密。但也要注意员工滥用、钥匙丢失等情况的发生。密钥需要定期更换，否则可能使"黑客"通过积累加密文件增加破译机会。

（5）对员工的个人情况，特别是对那些从事与信息系统有关的工作的员工，要进行制度化的选拔与检查。要将经过一定时间考察、责任心强、讲原则、守纪律、业务能力强的人员派到各自岗位上。

2. 企业之间风险的防范

针对企业之间进行电子商务交易时所面临的风险，可以从技术上来进行防范：

（1）利用防火墙技术保证电子商务系统的安全。防火墙的目的是提供安全保护、控制和鉴别出入站点的各种访问。防火墙具有网络通信的控制过滤机制，可有效保证交易的安全。为了将私有网络从公共网络中分离出来并保护起来，主要可以采用如下几种形式的防火墙：网络层防火墙、应用层防火墙、动态防火墙。

在此需要说明：利用防火墙可有效防止黑客的攻击；关于防火墙的设计及应用可参考有关专业技术书籍。

（2）利用安全协议保证电子商务的安全。网络的开放性造成在网络中传输的数据具有公共性，为了保证网络传输过程中数据的安全，必须要使用安全的通信协议以保证交易各方的安全。例如，可用 S/MIME 协议、S-HTTP 协议和 SSL 协议等。

（3）利用身份认证技术保证电子商务系统的安全。由于电子商务是在网络中完成的，交易各方不见面，故为了保证每个参与者（银行、企业）都能无误地被识别，必须使用身份认证技术。

第二节 网络风险与内部控制

一、网络风险与内部控制

电子商务系统的安全性成为内部控制的重要目标。企业所设定的目标是企业努力的方向，内部控制组成要素则是为实现或完成该目标所必需的条件，两者之间存在直接的关系。控制目标是内部控制所要达到的目的。信息技术资源作为控制对象，其发生的改变，一方面要求企业在设定内部控制目标时就要考虑信息技术部分，从信息化战略的确定、经营中，信息技术资源的管理、业务处理中，信息资源的利用，信息资源使用的合法合规等不同层次设定它的控制目标；另一方面还要考虑利用信息技术提高和改善企业资源利用的效率和效益、报告的可靠性等，使控制目标对企业战略、管理目标的实现起到更好的促进和保证作用。

传统企业的内部控制目标，主要是为了保证经营的效果和效率、财务报告的可靠性等。而在企业实现了电子商务之后，就要与其他企业进行频繁的网上交易活动，这使得企业的会计系统必须面临开放的互联网世界，对会计信息系统的安全性提出了更高的要求。在电子商务交易中，企业间的大量会计信息通过互联网传递，由于互联网的开放性，会计信息存在被截取、篡改、泄露等问题，很难保证其真实性和完整性。同时，计算机病毒和黑客的猖獗也为会计信息系统带来了巨大的风险。这就使得内部控制目标不再局限于确保企业经营活动的效率和效果、经济信息和财务报告的可靠性。安全性成了电子商务环境下的一个重大目标。电子商务的安全性关系企业的存亡，而上述控制目标的实现，均取决于电子商务的安全性。因此，"保证电子商务的安全性"应作为电子商务系统的首要控制目标。

二、电子商务环境下的内部控制

完善的内部控制可有效地减轻由于内部人员道德风险、系统资源风险和计算机病毒造成的危害。为了保证会计信息系统的安全运行，企业可从以下方面着手建立一整套行之有效的制度，以预防、发现和纠正系统中所发生的错误和故障，使系统正常运行。

（一）组织与治理控制

组织与治理控制包括适当的职责分离以优化配置人力资源、充分发挥内部审计的作用、控制好硬件软件的安全等。

在企业各个层级的人员中，就内部控制而言，内部审计人员具有极其重要而又特殊的地位。内部审计既是企业内部控制的一个部分，也是监督内部控制其他环节的必要力量。在现代企业管理过程中，内部审计人员被赋予了新的职责和使命。美国著名内部控制专家迈克尔·海默教授曾说过，内审机构应将自己视为公司的一种资源。其在帮助管理当局更有效地达到预期控制目标的过程中发挥作用。内部审计师的使命将从简单的"我们实施审计"，向"我们帮助创建一些程序，以期达到组织成功所需要的内部控制水平"的方向发展。

（二）系统开发控制

系统开发控制应贯穿于系统规则、系统分析、系统设计、系统实施和系统运行测试与维护的各个阶段，包括项目的可行性研究、控制开发进度、测试网络在线功能、在线修补与升级等内容。

（三）日常操作系统治理控制

加强系统人员的操作治理，建立计算机访问授权和身份证认证制度，建立安全稽核机制，设置安全检测预警系统等。

（四）应用控制

应用控制包括网络会计系统的数据传入、通信的处理和输出环节所采用的控制程序和措施。

第三篇
项目实施——从会计视角分析电子商务企业的经营运作

【知识目标】

◇ 熟悉电子商务企业的经营运作模式；
◇ 掌握电子商务企业运作与会计关联的环节；
◇ 系统复习与电子商务相关的会计业务知识；重点掌握服务定价、成本、利润等会计业务知识；
◇ 通过团队分工协作、效益利益分配，让学生深刻理解、体会诚信教育与团队合作意识。

【技能目标】

◇ 培养学生能够为不同行业、不同地域企业完成电子商务策划的能力；
◇ 培养学生能够利用会计的管理职能来完成电子商务企业的运作；
◇ 培养学生分析个性差异的能力，并使学生顺利完成任务，加强团队合作能力。

一、项目说明

根据所学会计知识，依托电子商务的专业背景，设计电子商务项目。从会计视角分析电子商务项目的经营运作模式。

（一）项目总体要求

项目总体要求如表 3-1-1 所示。

表 3-1-1　项目总体要求

项目	要求
1	简明扼要地说明项目方案的主题和内容。如果是新设企业，则需阐述企业成立内容
2	阐述项目的运作模式以及运营的目标
3	说明运营项目需要的资金及来源，并根据资金来源计算资金成本
4	列出所开展业务的主要收支项目及资金预算（含商品定价）
5	说明与客户的资金结算方式及理由
6	编制该方案所涉及的经济业务（具体要求详见表 3-1-2），并进行合理的账务处理（登记相关明细分类账），编制预算利润表

(二) 会计核算经济业务的具体要求

会计核算经济业务的具体要求如表3-1-2所示。

表3-1-2 会计核算经济业务的具体要求

业务类型	业务具体要求	核算要求	备注
筹资业务核算	参照第二篇中筹资业务核算相关内容，结合项目的实际情况，筹集营销策划方案中所需的资金，并计算筹集到的资金的成本（主要用资成本）	根据预测发生的经济业务编制1~2笔会计分录	必选业务
采购业务核算	参照第二篇中采购业务核算相关内容，预测策划方案中采购业务	根据预测发生的经济业务编制1~2笔会计分录	必选业务
销售业务核算	参照第二篇中销售业务核算相关内容，预测该项目实现的收入，产生的各种成本、费用	根据预测发生的经济业务编制3~4笔会计分录	必选业务
资金支付方式	参照第二篇中资金支付方式相关内容，预测该项目实现的收入所采用的支付方法	至少采用两种不同支付方式，并进行账务处理	必选业务
利润形成核算	参照第二篇中利润形成核算相关内容将前面经济业务中的收入、成本、费用等项目进行利润的计算	将前面经济业务中的收入、成本、费用等项目结转到本年利润之中	必选业务
会计报表编制	根据第二篇中会计报表编制相关内容编制预测利润表	编制预测利润表	必选业务
财务分析	根据第二篇中财务分析相关内容结合项目的具体实施，进行相关指标分析	根据业务具体需要选择与方案紧密相关的指标，对项目进行财务分析	可选业务（根据自己团队的实际情况选做业务）

二、项目活动规划

(一) 筹建项目组

学生根据自己的兴趣爱好以及专业特长自愿组成项目组。

（1）每位学生提出一个可行的项目；相同或者类似项目的学生在自愿的基础上组成项目组，具体格式参见表3-1-3。

表 3-1-3　×××项目

项目名称	
项目说明	
参与人员	（项目展示完毕后，其他想参与的学生）

（2）在项目组内，每位学生根据所学知识对电子商务（岗位）企业的运作模式进行分析，并做出自我能力分析报告，具体格式参见表 3-1-4。

表 3-1-4　个人能力分析报告

姓名		所在项目	
电子商务专业特长			
会计知识特长			
综合素质			
拟担任项目岗位			

（3）根据《个人能力分析报告》选举出项目负责人。在项目组内剖析项目，并根据项目需要，做出人员安排及其岗位职责，具体格式参见表3-1-5。

表3-1-5　人员安排及其岗位职责

岗位名称	职责

拓展知识

部分重要岗位职责详见表3-1-6。

表3-1-6　部分重要岗位职责

岗位名称	职责
项目经理	1. 负责团队的建设和全面管理。 2. 组织制订项目总体目标与计划。 3. 将总目标分解，划分出主要工作内容和工作量，确定项目阶段性目标。 4. 负责组织活动方案的实施，指导、监督、反馈并控制其发展。 5. 及时处理项目开展过程中的突发事件，保证活动顺利实施。 6. 组织分析、总结经营活动效果，根据教师建议整改方案
营销总监	1. 参与制订企业的销售策略、具体销售计划并进行销售预测。 2. 组织与管理销售团队，完成企业产品销售目标。 3. 控制销售预算、销售费用、销售范围与销售目标的平衡发展。 4. 招募、培训、激励、考核下属员工以及协助下属员工完成下达的任务指标。 5. 收集各种市场信息，并及时反馈给上级与其他有关部门。 6. 参与制定和改进销售政策、规范、制度，使其不断适应市场的发展。 7. 发展与协同企业和合作伙伴的关系，如与经销商的关系、与代理商的关系。 8. 协助上级做好市场危机公关处理。 9. 协助制定企业产品和企业品牌推广方案，并监督执行。 10. 妥当处理客户投诉事件，以及接待客户的来访
财务总监	1. 了解在当前销售策略下的市场状况。 2. 组织领导公司的财务管理、成本管理、预算管理、会计核算、会计监督、审计监察、存货控制等方面的工作，加强公司经济管理，提高经济效益。 3. 掌握公司财务状况、经营成果和资金变动情况，及时向总经理和董事长汇报工作情况。 4. 主持制定公司的财务管理、会计核算和会计监督、预算管理、审计监察、库管工作的规章制度和工作程序，经批准后组织实施并监督检查落实情况。 5. 按规定审批从银行提现金的作业

(二) 分析项目并编制项目任务书

1. 项目分析

项目分析是进行项目教学的前提。对项目进行完整、具体的分析可以保证项目教学顺利、有效地开展。在指导教师的帮助下,学生小组内讨论并分析项目,确定项目的目的、意义以及完成项目的任务步骤。

2. 编制项目任务书

小组内根据前面对项目的了解制定出本小组的项目任务书,然后再通过咨询、讨论等方式和指导教师进行交流,最后确定完成小组的项目任务书(附录一)的填写。

三、项目组织实施

根据项目任务书的任务,由组长或者小组成员自己商量,将具体任务分配到个人。小组的每个成员都有自己的任务,然后要进行活动设计,并将设计的过程及结果予以记录,在小组成员之间进行讨论,最后实施任务。

四、项目成果展示与评价

(一) 项目成果展示的内容

项目结束后,各小组需要进行项目成果展示,展示的内容主要包括以下几个方面,详见表3-1-7。

表3-1-7 项目成果展示的内容

序号	展示内容
1	电子商务策划方案的背景说明
2	项目分析任务书
3	具体任务分解书
4	团队成员及职责介绍
5	策划活动的设计
6	策划活动中的资金来源、成本费用、收入利润等业务及核算情况
7	项目组织与实施过程的总结与反思

(二) 项目成果展示的方式

在明确了项目成果展示的内容以后,小组成员就可以根据要展示的内容选择恰当的展示方式。常用的展示方式有口头汇报、文档总结、实物演示等，既可以以单一的形式呈现，也可以多种形式并用。

（三）项目成果的评价

项目成果评价是项目教学的最后一个环节，也是非常关键的一个步骤。以建构主义为理论基础的项目成果评价，目的不在于甄别、鉴定项目成果，而是发挥评价的激励作用，推动项目教学的有效进行。良好的评价不仅可以让学生巩固之前学过的知识，还可以端正学生的学习态度，让学生充分的认识自己。同时，可以增进团队之间的沟通交流，达到共同提高。

本次的项目成果评价分为过程评价和结果评价。过程评价在小组分配分数环节完成；结果评价以团队展示环节的项目组成绩体现（评价办法的参考方案详见附录二）。

五、项目总结与反馈

根据指导教师的意见，在项目展示结束后，小组内继续讨论、修改项目成果，以完善项目报告书。

附录一：电子商务策划项目任务书
附录二：项目成果的评价办法

附录一：电子商务策划项目任务书

电子商务策划项目任务书

项目名称：
项目负责人：
项目成员：

一、电子商务项目选取背景以及市场前景（阐述选取该项目的意义）

二、电子商务策划活动目标和设计（项目目标及主要内容）

1. 项目目标

2. 项目的主要内容

三、该项目的主要经济业务

四、该项目的计划进度及主要负责人

起止时间	工作内容	阶段性成果	主要负责人

五、教师审核意见

附录二：项目成果的评价办法

一、项目要求以及评分标准

项目要求及评分标准详见表1。

表1　项目要求及评分标准

项目	要求	分值分配
1	简明扼要地说明项目的主题和内容	6
2	阐述项目的运作模式以及运营的目标	6
3	说明运营项目需要的资金及来源，并根据资金来源计算资金成本	6
4	列出所开展业务的主要收支项目及资金预算（含商品定价）	6
5	说明与客户的资金结算方式及理由	6
6	编制该方案所涉及的经济业务（具体要求详见表3-1-2），并进行合理的账务处理（登记相关明细账），编制预算利润表	15
	项目展示、综合表现	5
	合计	50

二、评分及分数分配说明

（1）结果评价。各项目组根据抽取的顺序号，依次汇报项目成果报告，由各组和参评专家（其他任课老师、企业代表等）给项目组打分，按照去除一个最高分和一个最低分的办法，求出平均分，并将其作为项目组的项目成果评价。

（2）过程评价。各项目组按以下公式得出可供项目组成员分配的分数：

项目组可分配分数＝项目组的得分×项目组成员人数

项目组组长协同项目组其他成员，按照最高分不得超过该项目满分（50分）、最低分不限，各成员得分合计数不超过本组可分配总分数的原则，依据分工及项目实施过程中项目成员的工作质量和贡献，给出每位成员的最终得分，并将其作为该项目的考核成绩。

三、评分表

1. 项目组自学成果报告评分表

项目组自学成果报告评分表格式参见表2。

表2　项目组自学成果报告评分表

评分组：第(　　)组

得分	一组	二组	三组	四组	五组	六组

评分人：

评分日期：

2. 项目组自学成果报告评分汇总表

项目组自学成果报告评分汇总表格式参见表3。

表3　项目组自学成果报告评分汇总表

组别	一组	二组	三组	四组	五组	六组
一组						
二组						
三组						
四组						
五组						
六组						
总分						
修正总分						
平均得分						

计分人：

监票人：

统计日期：

3. 各项目组自学成果报告小组成员得分表

各项目组自学成果报告小组成员得分表格式参见表4。

表4 各项目组自学成果报告小组成员得分表

学号	姓名	分工	得分

组别：第(　　)组

本组得分(　　)；小组人数(　　)；小组可分配总分(　　)

计分人：

监票人：

统计日期：

参 考 文 献

[1] 企业会计准则编审委员会. 企业会计准则案例讲解（2016年版）[M]. 上海：立信会计出版社, 2016.
[2] 蒋国发. 会计学 [M]. 北京：清华大学出版社, 2009.
[3] 梁伟样. 税费计算与申报（第2版）[M]. 北京：高等教育出版社, 2015.
[4] 中国会计学会编写组. 会计基础 [M]. 北京：经济科学出版社, 2015.
[5] 庄小欧, 甘娅丽. 财务报表分析 [M]. 北京：北京理工大学出版社, 2010.
[6] 曹军. 财务报表分析 [M]. 北京：高等教育出版社, 2012.
[7] 陈强. 会计学基础——非财务会计类（第3版）[M]. 北京：清华大学出版社, 2014.
[8] 王文媛. 会计基础实用教程——非财务会计类[M]. 北京：清华大学出版社, 2012.
[9] 张远录. 财务管理 [M]. 北京：高等教育出版社, 2011.
[10] 王清照. 电子商务环境下企业的内部控制研究 [D]. 大连：大连理工大学, 2005.
[11] 常剑峰, 杨雪琴. 电子商务环境下会计业务处理和信息处理的风险与控制 [J]. 中国会计电算化, 2004（3）：21-22.
[12] 蔡晓阳. 电子商务企业内部控制体系构建 [J]. 商业时代, 2008（28）：84-85.
[13] 蔡莹. 浅谈委托代理理论在公司治理和内部控制中的应用 [J]. 乡镇企业研究, 2003（3）：28-31.